HENRI BARAUDE

LE SIÈGE D'ORLÉANS

ET

JEANNE D'ARC

(1428 – 1429)

2/2

(Extrait de la *Revue des questions historiques*. — 1906.)

PARIS

AUX BUREAUX DE LA REVUE

5, RUE SAINT-SIMON, 5

1906

HENRI BARAUDE

LE SIÈGE D'ORLÉANS

ET

JEANNE D'ARC

(1428–1429)

(Extrait de la *Revue des questions historiques*. — 1906.)

PARIS

AUX BUREAUX DE LA REVUE

5, RUE SAINT-SIMON, 5

1906

LE

SIÈGE D'ORLÉANS ET JEANNE D'ARC

1428 - 1429

I. — Premières années du XVe siècle

Le siècle débuta par une ère de calme et de prospérité. La terrible lutte contre les Anglais, commencée en 1339 et qui devait durer cent ans, paraissait terminée ; le peuple se prenait à espérer un peu de bonheur, quand les intrigues des princes du sang amenèrent une effroyable guerre civile, puis la guerre avec l'Angleterre, et mirent la France dans la situation la plus critique.

Aussi, ce siècle, qui s'annonçait d'une manière si heureuse, fut-il le plus triste et le plus désastreux de notre histoire ; et ses trente premières années comptent comme les plus sombres que nous ayons vécues.

La rivalité du duc d'Orléans et de Philippe le Hardi, duc de Bourgogne, pour la gestion des affaires financières de l'État, créa des difficultés, d'où naquirent tous les malheurs.

Des mesures vexatoires pour la levée des impôts, prises successivement par chacun des deux princes, lorsqu'ils purent saisir le pouvoir ; la folie de Charles VI et l'inconduite, unie à l'incapacité, de la reine Isabeau de Bavière, amenèrent les premiers troubles en 1402.

Une violente fermentation sourdait de tous côtés, lorsque, le 27 avril 1404, Philippe de Bourgogne mourut, laissant son duché à Jean sans Peur, prince hardi, téméraire et violent jusqu'à la démence.

Entre lui et le duc d'Orléans, jeunes tous deux, pleins de

ni leurs fils, ni leurs frères, ni leurs gendres, leurs oncles ou leurs neveux.

Ces douze bourgeois entraient en fonctions le 23 mars de l'année de leur élection, et prenaient le titre de *procureurs de la ville*. Ils élisaient l'un d'eux comme *receveur*, avec la dénomination de *prévôt*. Ce dernier présidait l'assemblée.

En 1500, les membres du conseil prirent le nom d'échevins, et en 1560 le roi décréta qu'un *maire* prendrait la direction des affaires.

Ils se réunissaient dans une salle du Châtelet, dont nous parlerons plus loin : puis, le duc d'Orléans, de retour de sa captivité en Angleterre, venant habiter le palais, les contraignit à chercher un abri. Une tour de l'enceinte, dite tour *Saint-Sanson*, les reçut ; mais, le local paraissant insuffisant, ils achetèrent en 1443 *l'hôtel des Créneaux* (musée actuel) et s'y installèrent le jour de Noël.

Ces procureurs administraient les revenus de la ville et établissaient les comptes. Ces derniers se divisaient en deux parties inégales : les comptes de la ville, comprenant les dépenses de la commune et disposant du quart des fonds publics, et les comptes de forteresse, disposant des trois autres quarts et comprenant toutes les dépenses relatives à l'entretien des murailles, à la fabrication des armes, aux munitions et équipements des hommes et à tout ce qui concernait la défense de la cité.

Ces comptes existent depuis l'année 1400, et portent le nom des receveurs en exercice. Dans ceux établis de 1400 à 1590, on n'inscrivait pas seulement la mention de la dépense, mais on y joignait le mémoire du fournisseur.

Ces comptes de la ville d'Orléans renferment donc les plus précieux documents à consulter. On y lit jour par jour les dépenses faites ; par conséquent, l'histoire entière de la cité.

A la date du 6 juin 1412, on y trouve les débours pour le dénombrement des citoyens capables de porter les armes.

Le 7 juin, le recensement terminé, on régla le service. On maintint le guet jour et nuit sur la tour de *Saint-Pierre Empont*. Cette tour servait de clocher à une église, élevée sur l'emplacement qu'occupe actuellement le temple protestant. On ne connait pas exactement la date de sa construction. Certainement antérieure au ixe siècle, restaurée au xiie ou au xiiie siècle, elle avait quatre faces, était haute de 47 mètres sous la toiture, et de 53 en comptant cette dernière. On la démolit en 1832. Le guet l'occupait depuis fort longtemps. Elle jouissait de ce privilège, unique, de sonner le couvre-feu, les réjouissances et les alarmes. Un arrêt du parlement, du 10 avril 1343, relatif à l'entrée de Roger, évêque d'Orléans, dans sa ville épiscopale, en fait mention. On appelait la cloche de Saint-Pierre Empont « *Trompille de Guette,* » ou encore « *Chasse-Ribault.* »

Enfin, à cette même date du 7 juin, on établit la nuit une garde à cheval commandée par le gouverneur, Pierre de Mornay, et les procureurs.

Le nombre des hommes reconnus aptes à porter les armes s'élevait à plusieurs mille.

Cependant, les Anglais devaient profiter de la guerre civile qui désolait le royaume, et au mois d'août 1415 ils débarquèrent à l'embouchure de la Seine.

Henri V, laissant garnison à Harfleur, s'engagea mal dans l'intérieur du pays, voulut battre en retraite et regagner Calais avant l'hiver. La campagne était mauvaise pour eux, lorsque, le 25 octobre 1415, l'armée française qui les poursuivait vint se faire écraser à Azincourt. Le duc d'Orléans, fait prisonnier, devait rester plus de vingt ans en captivité en Angleterre.

Malgré cet humiliant et lamentable échec, la querelle des Bourguignons et des Armagnacs reprit avec plus de fureur que jamais, et, en 1417, Jean sans Peur ayant négocié avec les Anglais, le royaume fut envahi par ces derniers et les Bourguignons.

Le roi d'Angleterre, du mois d'août au mois de septembre, soumettait la Normandie à son pouvoir, et au fur et à mesure des prises, les organisait administrativement, et les gardait par de solides garnisons.

Des incursions anglaises dans les environs de Chartres, des bandes d'aventuriers et de pillards, qui dévastaient la Beauce et l'avaient changée en désert, firent craindre au parti du duc d'Orléans que la cité ducale ne tombât entre les mains des Anglais par surprise. Des ordres furent donnés pour préparer la défense et se tenir prêt à repousser toute attaque.

II. — Orléans en 1417

La ville d'Orléans (on disait Orliens), assise sur la rive droite de la Loire, se composait de la cité proprement dite, enclose de murailles, et des faubourgs. Un pont sur le fleuve la mettait en communication avec un faubourg sur la rive gauche et la Sologne.

Les murailles s'élevaient sur l'ancienne enceinte de la ville romaine, détruite par les Normands en 865 et reconstruite par l'évêque Gauthier en 885 sur les mêmes fondations. Les fronts est, nord, et la plus grande partie du front sud, sur la Loire, étaient tels qu'on les avait édifiés à cette époque. On retrouve aujourd'hui de nombreux vestiges de soubassements des murs romains, où les cordons de briques alternaient avec la pierre, suivant le mode de construction en usage surtout pendant les trois derniers siècles de l'Empire.

La portion nord-ouest, ouest, et une partie du front sud, dataient de 1345.

Au iiie siècle, l'empereur Aurélien (274) entoura Orléans *(civitas Aurelianorum)* d'un mur. Cette enceinte affectait la forme d'un parallélogramme de 550 mètres environ sur 480. Elle était percée de quatre portes et défendue par trente et une tours.

La population de la cité commerçante s'accrut rapidement. Elle étouffait dans ses murailles, et bientôt un bourg se forma vers l'ouest, prenant chaque année plus d'importance. On lui donnait le nom d'*Avenum*, que l'on a traduit par *Avignon*. Il existe actuellement une rue qui porte ce nom.

Au ixe siècle, les Normands pillèrent ce bourg en même temps qu'Orléans.

Or, en l'an 885, Gauthier, évêque de la ville, ayant employé la plus grande partie de ses biens, considérables, à la reconstruction des murailles, il paraît probable qu'à la même époque on fortifia le bourg d'Avenum.

Cette petite place se trouvait si rapprochée de la ville, qu'entre les deux fossés il n'y avait d'espace que pour une route (la rue Sainte-Catherine actuelle).

Cependant, les Normands continuèrent leurs incursions, et, au début du xe siècle (910), un fait miraculeux se produisit, lequel fit donner à l'église Saint-Paul, alors paroisse d'Avenum, le titre de Notre-Dame des Miracles.

Des païens, conte la légende, assiégeaient Avenum. Tous les efforts pour résister devenaient inutiles ; les ennemis se préparaient à donner l'assaut, et la prise de la ville entrainait le pillage, l'incendie, le massacre de tous les habitants. Pleins d'angoisse et de terreur, les assiégés se portent en foule à l'église du Bourg, pour implorer le secours du Très-Haut.

Une statue en bois de la Vierge Marie ornait le maitre-autel. Mû par une inspiration divine, un des assistants s'avance, s'empare de l'image, et, l'élevant dans ses bras, la porte sur le rempart, suivi de la foule de ses concitoyens. Là, s'abritant derrière elle, il lance des traits aux assiégeants, et tente de ranimer l'ardeur des défenseurs. Mais un ennemi, habile archer, plein de colère, l'accable d'outrages et de défis ; et, s'écriant que cette vaine image ne saura le garantir de la mort, il lance adroitement un trait. La flèche vole, siffle, et frisant la statue va frapper le soldat, lorsque, ô prodige ! la Vierge soudain écarte le genou, garantit son défenseur et reçoit le dard, qui s'enfonce profondément. A la vue du miracle, les assaillants demeurent frappés de stupeur, tandis que la confiance renait dans le cœur des habitants. Le combat reprend avec furie, et les païens effrayés s'enfuient en désordre.

On reporta la statue en grande pompe à l'église paroissiale, et vainement on essaya d'arracher le trait. Des *témoins*, plusieurs siècles après, affirment l'avoir vu fiché dans le genou. La statue fut brûlée pendant les guerres de religion.

Cette naïve légende, si pleine de poésie et de charme, comme toutes celles qu'inventa le moyen âge, nous est parvenue sans qu'on puisse connaitre le fond de vérité sur lequel elle repose.

Elle demeure précieuse, parce qu'elle établit assez approximativement la construction de l'enceinte d'Avenum.

Le bourg et la ville d'Orléans conservèrent leurs murailles respectives jusqu'en 1345.

A cette date, le roi Philippe de Valois créa le duché d'Orléans, qu'il donna en apanage à son fils puiné Philippe. On agrandit alors la ville, en démolissant le front ouest de la muraille romaine et les murs du bourg d'Avenum, pour renfermer celui-ci dans l'enceinte qui devait subir le siège de 1428-1429.

La partie de la fortification, face à l'est, avait une longueur de 480 mètres. La porte Bourgogne, flanquée de deux tours, la partageait en son milieu. On la nommait ainsi parce qu'on sortait par là de la ville, pour prendre la route de Briare et de la Bourgogne.

Cette muraille occupait, comme nous l'avons dit, l'emplacement de l'ancienne enceinte romaine, un peu en retrait des rues actuelles de la Tour-Neuve et du Bourdon.

La *Tour Neuve* défendait l'angle sur la Loire. Des fossés l'entouraient, remplis d'eau par le fleuve, creusés sur le prolongement de ceux de l'enceinte qui aboutissaient obliquement à la Loire. Elle était fort grosse et avait servi de prison d'État aux xe et xie siècles. Jusqu'à la Révolution, elle resta prison criminelle.

En remontant au nord, on rencontrait la *Tour Blanche*. Elle existe en entier de nos jours, telle qu'au xve siècle, et ses lucarnes à mâchicoulis, ses murs épais, ses étroites ouvertures n'en font pas un des témoins les moins pittoresques de cette époque.

Après elle venaient la *Tour d'Avallon*, ainsi désignée du nom d'un hôtel voisin, puis la *Tour Saint-Flou*, en raison de la proximité d'une église, mise sous ce vocable.

On trouvait ensuite la *porte Bourgogne*. Après elle la *Tour Saint-Étienne*, dont le nom venait du voisinage de cette église, et la *Tour Messire Baude*, qui, jusqu'à 1413, s'appelait *Aubilain*. Ces deux noms venaient de notables habitants, logés dans les environs.

Enfin, on voyait la *Tour du Champ-Egron* et celle de *Monseigneur l'Evêque* ou de la *Fauconnerie*, qui défendait l'angle nord de la muraille. Les restes de cette dernière subsistent dans le jardin de l'évêché.

A partir de là, l'enceinte tournait à angle droit, face au nord, et suivait la direction du mur de l'évêché, sur la rue actuelle de ce nom, jusqu'à la porte du lycée, dans la rue Saint-Pierre. Elle comprenait, en partant de l'angle est, la *Tour du Plaidoyer de Monseigneur l'Evêque*, celle de l'*Église Sainte-Croix*, bâtie sur l'emplacement qu'elle occupe actuellement, et la *Tour Salée*, ainsi appelée probablement parce qu'elle servit, à une certaine époque, de grenier à sel. Enfin venait la porte *Parisie*.

On désignait ainsi cette porte, flanquée de deux tours, parce qu'on la traversait pour prendre la route de Paris, qui, depuis la porte Bourgogne, longeait les fossés, tournait à l'ouest suivant le tracé de la muraille et se dirigeait vers le nord, en face de cette ouverture. La ville a conservé ce nom à la *rue Parisis*. Ce changement d'orthographe se fit plus tard. Cette rue nous donne exactement l'emplacement de la porte, ouverte sur son prolongement, en face de la place de l'Étape actuelle.

On rencontrait ensuite les tours *Jean Thibaut*, de l'*Alleu Saint-Mesmin*, du nom d'une église voisine, et des *Vergers de Saint-Sauzon*, enfin celle *Saint-Sanson*.

A partir de cette dernière, la muraille s'infléchissait au nord-ouest, comprenait la *Tour du Heaume*, du nom d'une hôtellerie voisine, et aboutissait à la *porte Bernier*, plus tard Bannier, sur la place du Martroi actuelle.

Il ne nous reste aucun vestige des tours de défense de cette porte, mais on ne peut élever de doutes sur leur existence.

De ce point, l'enceinte s'inclinait au nord-ouest et s'infléchissait peu à peu, de façon à prendre, en arrivant à la Loire, la direction nord-sud.

Depuis la porte Bernier, on rencontrait la *Tour de feu Micheau-Quenteau*, dont les ruines restent dans le pâté de maisons situé entre les rues de la Hallebarde et de la Vieille-Poterie, puis la *porte Renart*.

Cette dernière tirait son nom de l'ancienne famille Renart, qui logeait à proximité. Flanquée de deux tours, elle occupait le débouché de la rue du Tabour actuelle, alors Grande-Rue, sur le marché, exactement au n° 39 de cette rue.

En descendant, on voyait la *Tour de l'Échiffre Saint-Paul*, sur l'emplacement de laquelle on construisit, au xvii⁰ siècle, la tour carrée qui existe à présent. Elle était également carrée et portait une baliste énorme. Ces armes, appelées *engins*, lançaient des pierres d'un volume considérable. Après le siège, la supériorité de l'artillerie s'étant affirmée d'une façon éclatante, on démolit tous les engins : on ferma la tour de l'Échiffre Saint-Paul, ouverte du côté de la ville, et on y établit des étages, comme dans les autres tours.

Les comptes de forteresse donnent tous ces détails en l'année 1444, art. 40.

Venaient ensuite la *Tour André*, puis une autre, dont on a retrouvé des vestiges sur l'emplacement occupé par le chœur de l'église de Notre-Dame de Recouvrance ; enfin à l'angle, sur la Loire, la *Tour de la Barre-Flambert*.

A partir de ce point, la muraille suivait le bord du fleuve et baignait son pied dans les eaux.

Elle élevait les *Tours Notre-Dame* et de l'*Abreuvoir*, puis se perçait d'une poterne, fermée par une herse pour l'écoulement des eaux de la rue des hôtelleries Sainte-Catherine et de la porte du Pont, dont nous parlerons en détail en nous occupant de ce dernier.

Là se trouvait le Châtelet.

Ancien palais édifié par les Romains, puis successivement reconstruit et agrandi pendant les siècles, le Châtelet offrait l'apparence d'un château fort plutôt que d'un palais. Cependant il servit de demeure aux rois : notamment à Clovis en 510, à Robert le Pieux au début du xie siècle, à Louis le Jeune en 1160, et logeait les ducs d'Orléans.

Il dressait près du port une grosse tour, celle qui formait l'angle de l'enceinte romaine, dont le mur commençait à cet endroit et remontait au nord.

Après le palais, en suivant le bord de l'eau, on rencontrait la *Tour de feu Maître Pierre le Queulx* et celle de la *Croiche Meffroy* [1]. Puis la poterne *Chesneau*. Celle-ci s'appelait, au ixe siècle, *porte Saint-Benoît*. C'était une des quatre de l'enceinte romaine.

Enfin les *Tours Aubert* ou *du Guichet*, à *huit pans* ou *Tour carrée*, d'*Acret* ou des *Tanneurs*, et la muraille aboutissait à la *Tour Neuve*.

Depuis le Châtelet jusqu'à la tour Saint-Sanson, en passant par la porte Bourgogne, un intervalle de 60 à 65 mètres séparait les tours de l'enceinte, construites sur les fondations romaines, et correspondait à la portée maxima des arcs, armes dont on se servait pour la défense des places à l'époque de leur construction, et même encore au xve siècle.

Les autres tours du reste de l'enceinte étaient plus éloignées

---

[1] « *Croiche*, d'où vient creiche ou crèche, enceinte qui a pour destination de préserver les fondations d'un ouvrage de maçonnerie établi dans l'eau. » Callin.

les unes des autres, parce qu'en 1345, époque de leur édification, l'arbalète servait couramment pour la défense des murs,
en raison de sa plus grande portée.

Toutes ces tours avaient trois étages : un au niveau du sol de
la ville, un second à mi-distance du sommet de la muraille, et
enfin le troisième à hauteur du sommet de celle-ci.

Plusieurs possédaient une cave voûtée au niveau du fossé.

On accédait à ces étages par des *échiffres*, sorte d'escaliers
de bois appliqués contre les tours. A l'intérieur, les étages
étaient en bois, non voûtés, et percés en leur centre d'une
trappe. Les défenseurs surpris pouvaient monter aux étages
supérieurs au moyen d'échelles, tirer celles-ci à eux, et en interdire ainsi l'accès à l'assaillant, qui n'avait plus que la ressource
d'incendier les planches.

Le dernier étage possédait deux portes de chaque côté, correspondant au chemin de ronde des murs ; il servait de logement pour les soldats et s'appelait *Bastille*.

Quelques tours se terminaient par une terrasse, d'autres possédaient un toit ; dans ceux-ci deux lucarnes existaient, montées
sur des corbeaux, formant mâchicoulis et dominant le mur. La
Tour Blanche nous montre encore cette pittoresque disposition.

La muraille qui reliait les tours comptait de 2 mètres à 2^{m}60
d'épaisseur à la base. Sa hauteur variait suivant les difficultés
ou les facilités d'accès. Certainement, sur la Loire, elle devait
présenter une moindre élévation, l'attaque et l'escalade de ce
côté-là paraissant fort difficiles, sinon impossibles.

Cette diminution de hauteur fut sans doute la cause des dégâts, relativement nombreux, produits par le tir de l'artillerie
ennemie, dans la cité, pendant le siège de 1428-1429. La ville
descendait en amphithéâtre vers le fleuve, et la muraille n'arrê-
tait pas les projectiles qui écrasaient les maisons ou tombaient
dans les rues, sur les places.

On peut attribuer une hauteur de 6 à 8 mètres à l'enceinte.
Le chemin de ronde ne possédait point de parapets. En temps
de guerre, on plantait des pieux de distance en distance, dans
des trous préparés à l'avance. Ils soutenaient un garde-fou sur
lequel on fixait des palissades en bois, que l'on enlevait après
le siège, et qui portaient le nom de *barbacanes*.

Du côté de la Loire seulement, il existait un parapet avec mâchicoulis.

Un fossé de 13 mètres de largeur et de 6m50 de profondeur bordait les trois enceintes Est, Nord et Ouest.

Des ponts-levis et des herses en bois ou en fer défendaient les portes.

L'ensemble de la fortification se composait donc de vingt-neuf tours, sans compter celles des portes, de trois poternes, de cinq portes, d'un fossé et d'un pont fortifié dont nous allons parler.

Ce pont, qui faisait communiquer la ville avec la Sologne, datait probablement des xie ou xiie siècles. Il traversait la Loire sur dix-neuf arches.

En sortant de la ville par la porte du Pont, flanquée de deux tours, on franchissait un pont-levis, jeté sur une ouverture de seize pieds de longueur sur treize de largeur. On nommait ce dernier *Pont de l'Allouée*, un peu avant 1400, parce qu'un logement, établi contre la grosse tour, appartenait à Guillaume l'Allouée, procureur de la ville en 1387 et 1388 ; puis en 1445, on l'appela *pont Jacquier* du nom de Jacquier Rousselet, procureur de 1445 à 1446.

Sur les piliers du pont, s'élevaient des maisons de faible étendue, mais très recherchées pour les boutiques. On ne possédait en effet que cette voie pour communiquer de la Sologne, du Berry et des provinces du Sud avec Orléans, et les marchands, assez heureux pour y ouvrir un magasin, se voyaient les premiers à qui l'on s'adressait avant d'entrer dans la ville.

À l'extrémité de la sixième arche, on construisit en 1417 un fort, que l'on traversait par un couloir voûté, fermé par une barrière en temps de guerre. Ce bâtiment s'appuyait sur une île, que traversait le pont dans sa largeur et qui portait deux noms, *la Motte Saint-Antoine*, et *la Motte des Poissonniers*, ou *des Chalands Percés*.

Ce nom de Motte signifiait que ces îles offraient l'apparence de simples mottes de terre, peu élevées au-dessus du niveau du fleuve.

On nommait la moitié en amont du pont, à l'est par conséquent, la Motte Saint-Antoine, parce qu'elle portait une chapelle dédiée à ce saint, et la seconde moitié, à l'ouest, la Motte des

Poissonniers ou des chalands percés, parce que les pêcheurs tenaient d'habitude leurs poissons enfermés sur les bords de cette
île, dans de grands bateaux, ou chalands, dont le fond était
percé et à bascule, analogues à ceux dont ils se servent encore
de nos jours.

Cette partie portait un hôpital, dit Saint-Antoine, où l'on hé-
bergeait les pèlerins et les voyageurs.

En 1417, on construisit un pont-levis, pour descendre sur la
Motte des chalands percés.

Cette île subsista jusqu'à la démolition du pont en 1762.
Comme on ne l'entretenait plus, le fleuve l'emporta.

Sur tout son pourtour une fraise de pieux la défendait, empê-
chant l'ennemi d'aborder, lorsque le niveau du fleuve était bas.
En outre, une palissade à fleur d'eau la protégeait contre la violence du courant. On y mettait tous les soins possibles. Malgré
ces précautions, les grandes crues de la Loire entraînaient souvent de la terre, que l'on rapportait en grande hâte dès que
les eaux baissaient.

L'île se prolongeait à l'est par une digue étroite et longue appelée *Duit*, destinée à diriger la masse des eaux vers la rive
droite, afin d'y maintenir un niveau suffisant pour douze moulins qui bordaient cette rive, depuis le pont jusqu'à la Tour
Neuve.

Après avoir franchi cette île, le pont s'avançait au sud et sur
son extrémité méridionale portait la massive construction d'un
fort, bâti sur les arches mêmes et séparé de la rive gauche par
un bras du fleuve, que l'on franchissait sur un pont-levis.

On nommait cet ouvrage le fort des *Tourelles*, du nom de
deux grosses tours, qui le terminaient du côté du midi. On le
traversait sous une voûte défendue par une herse.

Il se composait de quatre tours, réunies par deux corps de
bâtiment, contenant le corps de garde et les logements des ma-
chines, nécessaires à la manœuvre de la herse et du pont-levis.

On abattit ce fort, très élevé, à la fin de 1429, mais on le re-
construisit plus tard. Au XVIIe siècle, il tombait en ruines.

Après avoir franchi le pont, on se trouvait dans une grande
place, bordée au sud par le couvent et l'église des Augustins.
L'église se trouvait à peu près à l'endroit où l'on a érigé une
croix, et où l'on fait la procession annuelle du 8 mai.

De cette place partaient trois routes en éventail, traversant le faubourg dit *du Portereau*.

Pour l'intelligence complète des faits qui se produisirent dans le siège mémorable que nous allons raconter, il est nécessaire de donner une description détaillée des îles de la Loire, au xve siècle. En effet, ces îles n'existent plus, ou ont changé de place, et, si on ne les repère pas avec soin, les opérations du siège deviennent inintelligibles.

La première que nous rencontrons en descendant la Loire est une grande étendue de sable, couverte d'ajoncs, appelée l'île aux Bœufs. Elle s'étendait devant le couvent de Saint-Loup. On lui donnait ce nom, parce qu'elle servait à faire paître les bœufs. Très large, elle tenait la moitié du lit du fleuve, et n'était séparée de la rive droite que par un canal fort étroit, toujours à sec, sauf lors des hautes eaux ; de telle sorte que la Loire coulait tout entière entre l'île et la rive gauche, où l'on avait établi un port, dit port *de Saint-Loup*, en face du couvent de ce nom.

Cette île se modifia au milieu du xviiie siècle, changea de place, et, vers 1780, elle prit la forme qu'elle garde aujourd'hui sous le nom d'*île de Charlemagne*, laissant la Loire couler presque en entier du côté de la rive droite.

Ce nom d'île de Charlemagne appartenait alors à une île située en amont de l'île aux Bœufs, et faisant presque corps avec elle. Elle se souda complètement à elle vers 1780, lorsque la Loire changea son cours.

Puis on rencontrait l'*île aux Toiles*. Elle s'étendait devant Saint-Aignan entre le *Duit* de la Motte Saint-Antoine et la *Turcie*, ou levée, de Saint-Jean le Blanc. On y faisait blanchir les toiles, d'où son nom. Un canal fort étroit, que l'on pouvait franchir en mettant deux bateaux bout à bout, la séparait de la rive gauche. En 1645, on l'appela *Île Besnard*, sans doute du nom de son propriétaire. Mais elle s'était tellement accrue, qu'elle arrivait au pont et dressait contre lui des monceaux de sable, obstruant entièrement huit arches. On rendit une ordonnance pour la détruire, mais on ne l'exécuta qu'à demi, et l'île ne disparut qu'en 1750, lorsqu'on construisit la levée actuelle. Ce qui reste des sables, derrière le duict de nos jours, n'a plus la forme de l'île ancienne et aucun rapport avec elle.

Après elle, on trouvait l'*île de la Motte Saint-Antoine* et des chalands percés, sur laquelle s'appuyait le pont dont nous avons parlé.

Plus bas, on rencontrait l'*île Charlemagne* en dessous du pont, située au milieu du fleuve, un peu en aval de l'église Saint-Laurent. Elle disparut à la fin du xvi⁰ siècle.

Il existait une petite île devant la Tour de la Barre-Flambert, près de la rive droite, en face, par conséquent, de l'église Notre-Dame de Recouvrance. Un canal que l'on désigne quelquefois sous le nom de Rivière Flambert la séparait de la rive droite. Cette île disparut à une époque non déterminée, probablement à la fin du xv⁰ siècle.

Enfin, en aval de l'île de Charlemagne, près de la rive gauche et pas très loin du hameau de Saint-Pryvé, se trouvait l'*île de la Madeleine*, sans importance pour l'histoire du siège.

Disons en terminant cette étude du fleuve et du pont, que les fondations des piles de ce dernier apparaissent lors des basses eaux. Elles consistent en maçonneries, terminées du côté de l'amont par une pointe ou bec et entourées de pilotis solides, noircis par les eaux et par le temps. La direction du pont se trouve donc assurée d'une façon absolue. Nulle contestation ne peut s'élever à ce sujet et l'on est en droit de s'étonner que certains auteurs aient pu lui donner des directions et des formes différentes de celles que nous venons d'indiquer.

Au mois de juin 1417, dès la réception des ordres prescrivant la mise en état de défense de la ville d'Orléans, on se mit à l'ouvrage.

La milice bourgeoise s'organisa d'une façon fort sérieuse.

On divisa les murs de la ville en six parties, placées chacune sous le commandement d'un chef appelé cinquantenier. Ceux-ci avaient sous leurs ordres cinq dizainiers et cinquante habitants choisis. La garde se relevait chaque jour par cinquante, ce qui établissait le tour de service tous les six jours.

On apporta les plus grands soins à l'approvisionnement de la place en armes de toutes sortes. Des fabriques existaient à Orléans et travaillèrent avec activité.

Les armes de jet consistaient en frondes à mains et en frondes à bâtons, en arcs et en arbalètes.

Les arcs lançaient à soixante mètres des flèches de différentes formes, suivant le but que l'on voulait atteindre, frapper la tête et la poitrine, ou couper les jarrets des hommes et des chevaux, incendier un fort, etc. Les arbalètes prenaient sur ceux-ci l'avantage de lancer plus loin les flèches et de s'ajuster plus facilement.

Les armes de mains consistaient dans la lance ; l'épée qui devait, pour blesser, frapper au défaut de la cuirasse ; la guisarme ou besaiguë, sorte de hache se terminant, du côté opposé au tranchant, par un pic très pointu. Elle se fixait à un manche d'un mètre trente. Cette arme devait couper et percer les armures.

On se servait aussi de maillets de plomb.

Pour monter à l'assaut on faisait usage d'échelles simples ou doubles. Il fallait emporter des matières incendiaires pour brûler les palissades et les fraises de pieux. Pour incendier les forts et les taudis (logements en planche pour les soldats), on lançait des traits munis de fusées.

Au mois de juillet de cette année-là, on construisit des *Pavas*. On appelait ainsi d'énormes boucliers, qui servaient à couvrir le corps, lorsqu'on montait à l'assaut. Ils se composaient de douves de tonneaux assemblées à tenons et à mortaises et réunies par deux douves en travers. La face extérieure se recouvrait d'un cuir épais, l'autre face portait deux anses en cuir, dans lesquelles on entrait les bras. Le corps était de cette façon entièrement recouvert.

Les Pavas gardaient certainement le souvenir de la Tortue romaine. Ils servirent non seulement pour monter à l'assaut, mais en guise de barbacanes pour abriter les défenseurs des murs de la ville.

On ne trouve mention de cet engin aux xive et xve siècles que pour le siège d'Orléans. On n'en parle pas durant tout le moyen âge. Mais le terme semble proche parent de notre mot pavoi, grand bouclier, qui servait aux Francs à promener triomphalement le chef qu'ils avaient élu roi.

La place gardait encore plusieurs balistes. Mais déjà, depuis 1412, les bouches à feu les avaient fait abandonner. Les Anglais ne s'en servirent pas, non plus que des tours d'attaque, tout à fait oubliées.

En 1418, Orléans possédait plusieurs bouches à feu, tant canons que bombardes, toutes en cuivre. Ces pièces portaient des noms. Nous en retrouverons quelques-uns dans le cours de cette histoire.

Elles lançaient des boulets de pierre.

Sous Louis XI seulement on se servit de boulets de fer.

La qualité de la pierre variait suivant l'usage que l'on voulait faire du feu. On réservait les plus dures pour pratiquer des brèches.

Les mots bombarde et canon s'employaient indifféremment pour les pièces d'artillerie. Cependant on préférait appeler bombarde une pièce courte d'un gros diamètre.

Elles avaient au-dessus de la culasse une ouverture large et longue, dans laquelle on introduisait un cylindre de cuivre rempli de poudre. Ce dernier s'appelait chambre ou boîte à canon. Une cuillère servait à le charger, puis on refoulait et bourrait la poudre avec un tampon de bois.

Ce cylindre était muni d'une poignée.

On chargeait une chambre et on l'introduisait dans la pièce; puis, au moyen d'un petit trou, qui la traversait et dans lequel on adaptait un tuyau de fer-blanc, que l'on remplissait de poudre, on mettait le feu avec une mèche.

Pendant ce temps on chargeait d'autres boîtes. Chaque pièce en possédait jusqu'à quatre, de sorte qu'on pouvait tirer sans discontinuer.

Elles étaient fort épaisses et pesaient 66, 50, 27, 22 et 9 livres; les bombardes et canons pesaient 443, 373, 267, 105 et 57 livres.

Ces pièces reposaient sur des affûts, que l'on appelait alors charpenteries. On les enchâssait dans de gros morceaux de bois sur la moitié de leur diamètre. Cette opération s'appelait « mettre en bois. » On les munissait d'anneaux dans lesquels passaient des boulons de fer, vissés sur la boiserie et qui maintenaient la pièce sur l'affût.

Dès que l'on avait fixé la boîte à canon, on bourrait d'un tampon de foin par la bouche et on enfonçait le boulet appelé « pierre à canon. »

L'affût et sa pièce reposaient sur une « maison » ou « plate-forme, » grosse masse de charpente portée sur des roues, ce qui faisait de ces pièces des engins extrêmement pesants et difficiles à manœuvrer.

On se servit beaucoup, durant ce siège, de coulevrines. Cette bouche à feu, qui devait être l'origine de notre fusil, fut inventée à cette époque et mise en usage pour la première fois pendant le siège de 1428-1429.

Elles se chargeaient avec de la poudre refoulée par une baguette et avec des balles. Elles avaient un affût et se plaçaient sur un chevalet. Quelques unes ne pesaient que 10 à 12 livres. Le feu se mettait par un petit trou rempli de poudre.

Orléans possédait des fonderies, d'où presque toutes ces armes étaient sorties, bombardes, canons et coulevrines. Les deux fondeurs les plus renommés étaient Naudin Bouchard et Guillaume Duisy.

Cependant, le 20 août, on fit un nouveau recensement et une commission reçut l'ordre de vérifier si chaque habitant, en état de porter les armes, possédait son harnais militaire.

Ce harnais se composait d'une *heuque*, ou jaquette, sorte de blouse sans manches, qui se mettait par-dessus les autres vêtements et descendait jusqu'au milieu des cuisses. Ces heuques, de couleur bleue, s'ajustaient au corps par une ceinture de cuir, appelée *orties*, et portaient, attachée sur la poitrine, une croix blanche.

Un casque de fer sans visière et sans gorgerin, appelé *bacinet*, complétait l'équipement.

Le 25 octobre 1417, Pierre de Mornay, gouverneur d'Orléans, fit une visite aux fortifications de la ville, accompagné des procureurs et des ouvriers nécessaires pour les réparations à exécuter. On arrêta la construction de boulevards en avant des portes.

Un fossé, comme nous l'avons vu, les défendait, franchi par un pont-levis chaque fois que l'on voulait exécuter une sortie. La manœuvre du pont-levis prévenait l'ennemi, qui pouvait se préparer à recevoir l'attaque. La surprise n'était donc possible que la nuit. En outre, si les assiégés, ayant opéré une sortie, se voyaient repoussés trop vivement l'épée dans les reins par l'assiégeant, ce dernier pouvait pénétrer dans la place en même temps que les fuyards, à moins que l'on ne relevât le pont avant leur rentrée complète, ce qui en exposait beaucoup à être massacrés ou faits prisonniers.

On décida donc la construction de boulevards en avant des quatre portes de terre, et l'on se mit au travail immédiatement.

Ouvrages avancés, établis au delà des fossés de la ville, ils se composaient d'un parapet de terre, revêtu de fascines ou de planches, entouré d'un fossé, et affectaient la forme d'un carré. Une banquette régnait tout autour, permettant de tirer par-dessus la crête de l'ouvrage. Enfin, une fraise de pieux pointus, enfoncés obliquement dans le talus, au-dessus du fossé, garantissait le boulevard de l'escalade.

Pour pénétrer dans ces ouvrages sans baisser le pont-levis, on construisit sous les portes de la ville une petite poterne aboutissant un peu au-dessus du fond du fossé de ville, auquel on arrivait par quelques marches. On maçonna l'escarpe et la contrescarpe sur une certaine étendue, comprise entre les tours des portes, et on pratiqua des escaliers dans le mur de la contrescarpe. On suréleva le fond du fossé correspondant à cet espace et on le pava en l'inclinant légèrement pour faciliter l'écoulement des eaux.

Cette sorte de place d'armes reçut le nom de *basse-cour*.

Lorsqu'on voulait exécuter une sortie, les troupes descendaient dans la basse-cour par la poterne et remontaient dans le boulevard par les escaliers de la contrescarpe.

Pour sortir du boulevard dans la campagne, on jetait sur le fossé un pont volant, composé de chevalets et de planches, que l'on enlevait facilement lorsqu'il fallait battre en retraite.

Pendant les mois de novembre et de décembre on travailla avec ardeur à la construction de ces boulevards, et Mgr de Vertus, frère du duc d'Orléans, donna aux habitants toute permission pour prendre, dans la forêt lui appartenant, le bois nécessaire à leur entier achèvement.

La même année, on doubla le guet placé sur la tour de Saint-Pierre-Empont, et on en établit un nouveau sur une des tours de Saint-Paul. Cette église possédait alors deux tours, situées de chaque côté de son portail. Elles étaient d'inégale grandeur et l'une d'elles servit à l'église tandis que l'autre reçut le guet.

III. — Orléans de 1418 a 1428

Les travaux de défense se poursuivirent en l'année 1418 avec la plus grande énergie.

Pierre de Mornay, gouverneur, avait vendu sa charge à André

Marchand, chambellan du roi, au mois d'avril, et celui-ci fit pousser vigoureusement les travaux.

Ce même mois d'avril, on commença à essayer et à tirer les canons et bombardes, fondues pour l'armement de la ville, et un nombre considérable de pierres furent apportées pour être mises en œuvre et servir de projectiles.

Cependant les Anglais avançaient leur conquête. Le 19 janvier 1419, Henri V s'emparait de Rouen et y faisait son entrée. Le 30 juillet, le duc de Clarens surprenait Pontoise, et cet événement jetait Paris dans la consternation.

Au milieu de ces malheurs, on essaya de réconcilier le Dauphin et le duc de Bourgogne. Mais cette tentative n'aboutit qu'à l'assassinat du duc Jean sans Peur, au pont de Montereau, le 10 septembre 1419.

Ce déplorable événement souleva une partie de la France contre le Dauphin, que l'on accusa du meurtre, et le nouveau duc Philippe le Bon s'allia à la reine Isabeau et au roi d'Angleterre pour venger cette mort.

Un honteux traité fut signé à Troyes, le 20 mai 1420. On reconnaissait à Henri V le droit de monter sur le trône de France à la mort de Charles VI. On proclamait la déchéance du dauphin Charles, et la main de Catherine, fille de Charles VI, roi de France, était accordée au roi d'Angleterre.

Aussitôt, Melun et Paris tombèrent au pouvoir des Anglais et Henri V établit sa cour dans la capitale.

Battus à Beaugé, le 22 mars 1421, les Anglais prirent cependant la ville de Dreux et Meaux, une des villes les plus fortes du royaume.

La mort de Henri V, arrivée deux mois avant celle de Charles VI, le 31 août 1422, ne changea point le cours des événements funestes pour la France.

Henri VI d'Angleterre était encore au berceau, mais le duc de Bedford, frère de Henri V, prit le titre de régent de France; le duc de Glocester, celui de régent d'Angleterre, et le comte de Warwick, celui de gouverneur du roi.

Le dauphin Charles en avait appelé à la nation et à son épée des décisions du traité de Troyes, et avait succédé à son père sous le nom de Charles VII. Cependant, faible et irrésolu, il ne croyait pas pouvoir lutter contre le sort qui pesait sur la France.

La noblesse commençait à ne plus venir se ranger sous les ordres d'un roi toujours vaincu.

A cette époque, la Champagne, l'Ile-de-France, la Picardie, la Normandie, une partie du Maine et de l'Anjou, la Guyenne et la Gascogne étaient aux mains des Anglais, sous les ordres du duc de Bedford.

L'alliance du duc de Bourgogne leur apportait les deux Bourgognes, la Flandre, l'Artois. Enfin, le duc de Bretagne allait se rallier à eux.

Charles VII ne possédait plus que le Languedoc, le Dauphiné, l'Auvergne, le Bourbonnais, le Berry, le Poitou, la Saintonge, la Touraine, l'Orléanais, une faible partie du Maine et de l'Anjou.

Deux défaites à Cravant en 1423 et à Verneuil en 1424 mirent le comble au découragement du roi Charles VII.

La Bretagne, un peu hésitante, finit par se ranger entièrement sous le joug anglais et adhéra au traité de Troyes, devant les menaces d'une invasion, en 1427.

Cependant le bâtard d'Orléans et la Hire forcèrent les Anglais à lever le siège de Montargis, qui durait depuis trois mois, le 4 septembre 1427. Mais Talbot et Suffolk prirent Laval.

Au début de l'année 1428, le duc de Bedford crut le moment venu d'achever la conquête et de commencer la campagne sur la Loire. Le comte de Warwick étant retourné en Angleterre, le comte de Salisbury prit le commandement des forces anglaises.

Les Orléanais avaient employé ces années à réparer les murailles de la ville et les fossés, et à se munir de toutes les armes nécessaires.

On établit un arsenal dans la tour Saint-Sanson, où l'on accumula les armes de guerre. Des barrières fermèrent les grandes voies des faubourgs autour de la place ; elles devaient empêcher le passage, en temps de guerre, des chariots et des piétons. On en construisit quinze.

Les Orléanais installèrent deux balistes, l'une sur la tour de l'Échiffre Saint-Paul, l'autre au Châtelet, et l'on pourvut les murailles de grandes arbalètes en acier. Il fallait quatre hommes pour les servir. On construisit aussi des ribaudequins, sortes de grandes arbalètes, dont les arcs avaient jusqu'à vingt pieds de long, et qui lançaient des piques de douze pieds de longueur.

On fabriqua de nombreux martinets, ou petits arcs à mains, maniés par un homme seul : ces arcs lançaient des traits nommés *quarreu* ou *vireton*.

Enfin, on fit construire quantité de barbacanes. C'étaient des parapets volants, percés de distance en distance de meurtrières.

La place possédait à cette date, 1428, soixante et onze bouches à feu, servies par douze maîtres canonniers.

La ville fit venir de Lorraine un maître coulevrinier, nommé Jehan dit le Lorrain, qui dressa des élèves. On ne sait pas au juste l'époque où le Lorrain arriva dans la ville. Il n'accepta pas de solde. On dut, à la fin du siège, lui faire un cadeau pour reconnaitre les éminents services qu'il rendit.

En 1427, le gouverneur André Marchand mourut. Il fut remplacé par Raoul Auguste, sire de Gaucourt. Nous allons le trouver défendant la ville contre les Anglais, pendant le siège de 1428-1429.

IV. — Campagne sur la Loire

Le duc de Bedford, ayant obtenu du Parlement anglais d'importants subsides, put réunir une armée, qui débarqua à Calais au mois de juillet, sous les ordres de Salisbury.

Il prenait pied sur le sol français avec quatre cents hommes d'armes et deux mille deux cent cinquante archers, et marcha rapidement sur Paris, qui possédait une garnison anglaise et où Bedford l'attendait.

Dans cette ville, il devait trouver deux forts contingents : d'abord, une certaine quantité de troupes prélevées sur les garnisons de la Normandie, puis les apports des nobles de cette province, engagés pour la campagne.

De cette façon, l'effectif s'éleva au commencement d'août, dans Paris, à mille lances et quatre mille cinquante archers, donnant un total de cinq mille cinquante combattants.

Bedford voulait user de prudence, éviter une grande bataille. Il ne croyait pas à la certitude du succès à la guerre, et voulait agir plutôt en politique rusé qu'en soldat audacieux. Il savait la cour du roi Charles VII, à Bourges, dans un abattement extrême ; le découragement général dans les rangs français ; les seules provinces du Midi qui restaient sous l'obéissance du roi de France ne pouvant plus fournir ni hommes ni argent ; mais il n'osait risquer dans les hasards d'une bataille tout le résultat acquis par une politique avisée pendant les années précédentes. Il pensait obliger, par des menaces et des incursions sur les provinces fidèles, le roi Charles VII à se retirer dans le Midi, ce qui l'eût contraint à traiter. Peut-être eût-on pu lui imposer alors par les armes son départ du territoire.

Salisbury, au contraire, insistait pour agir immédiatement avec la plus grande vigueur possible, afin de frapper les imaginations par un coup d'audace.

Son avis prévalut et l'on décida de mettre le siège devant Orléans.

C'était alors la place de guerre la plus importante du royaume, maîtresse du passage de la Loire, puissamment armée et défendue.

Les Anglais, voulant envahir les provinces du sud, devaient s'en assurer à tout prix la possession.

Depuis 1412, Orléans s'attendait à subir un siège et n'avait rien épargné pour sa défense.

Cette fière cité, à mesure que s'accroissait le danger, voyait grandir son importance et sentait son courage s'élever à la hauteur de la noble mission qui lui incombait. Elle restait le dernier boulevard de la royauté. Elle prise, le beau nom de France disparaissait de la terre, et ce « tant doux et si plaisant païs » devenait entièrement anglais.

Salisbury se mit en campagne au commencement d'août. Il prit Nogent-le-Roi, puis Rambouillet, Brethancourt, Rochefort, Châteauneuf-de-Thimerais et Courville, toute la plaine entre Dreux, Chartres et Étampes. Chartres avait garnison anglaise depuis 1427. Il y établit son quartier général et, après avoir ravitaillé la ville, il marcha sur Janville.

Il voulait s'emparer de toutes les places de la Beauce et du cours de la Loire, avant de s'attaquer à l'importante cité orléanaise ; de cette façon lui couper les débouchés et la réduire par la famine.

En passant, il prend le château fort du Puiset et pend tous les soldats qui s'y trouvaient ; odieuse et barbare exécution, contraire au droit des gens. Puis il s'empare de Toury, laissé sans défense.

Janville, châtellenie royale, ceinte de murailles, entourée de fossés, défendue par une grosse tour *en manière de donjon*, possédait une petite garnison, commandée par un intrépide capitaine, Prégent de Coëtigny.

Vigoureusement défendue, la place soutint le siège plusieurs jours. Depuis longtemps, d'après le récit de Salisbury lui-même, on n'avait livré un assaut si furieux.

La ville, prise de vive force, tomba entre ses mains le 29. Les défenseurs se jetèrent dans le donjon et tinrent encore quelques heures, mais durent se rendre.

Salisbury y établit son quartier général et dès le lendemain lança des colonnes volantes sur la Loire.

Une d'elles marcha sur Patay et soumit tous les châteaux de la Beauce. Une seconde marcha sur Meung-sur-Loire, qu'elle occupa le 5 septembre. De là un parti s'empara du château de Montpipeau.

Meung lui appartenant, Salisbury s'y rendit et prit le commandement d'une colonne contre Beaugency, ville forte, entourée de solides murailles, défendue par un donjon formidable et possédant un pont fortifié sur la Loire.

Les Anglais inspiraient une terreur telle, que les défenseurs de la place ne jugèrent pas pouvoir résister, abandonnèrent les murailles, laissant les portes ouvertes, et se retirèrent dans le donjon et sur le pont dès l'approche de l'ennemi.

Salisbury, trouvant la ville ouverte, y plaça une solide garnison, remettant à plus tard l'attaque du donjon et du pont. Puis il revint à Meung, d'où il envoya une colonne piller l'église de Cléry.

Un chapitre de chanoines gardait ce sanctuaire, vénéré dans toute la contrée depuis des siècles. Les Anglais dispersèrent le chapitre, souillèrent l'église, l'incendièrent et emportèrent tous les objets précieux composant le trésor, parmi lesquels se trouvait une cloche en bronze, reprise plus tard par les Orléanais, après la levée du siège.

Ce sacrilège attentat, contraire au droit des gens, surexcita violemment l'opinion contre les Anglais. En même temps Charles VII, ému du danger que courait Orléans, y envoyait le bâtard d'Orléans avec la Hire et Xaintrailles et quatre à cinq cents hommes. Cette troupe arriva le 7 septembre.

Cependant Meung, offrant plus de ressources que Janville pour le logement et le ravitaillement d'une armée ; se trouvant plus à proximité d'Orléans, avec des moyens de communications faciles par la Loire et la grande route de Blois ; étant très rapprochée de la place de Beaugency, qui devait fatalement tomber entre les mains des Anglais, Salisbury décida d'y transporter son quartier général.

Pour y conduire son convoi de guerre, sans être inquiété, il se présenta à midi, le 8 septembre, devant Orléans et rangea son armée en bataille, pendant que les voitures passaient par derrière.

Le bâtard d'Orléans et la Hire sortirent de la ville avec les hommes qu'ils avaient amenés la veille. Des escarmouches eurent lieu sans aucune importance. Le petit nombre des défenseurs de la cité leur interdisait toute attaque sérieuse.

Le soir, les Anglais se replièrent en bon ordre et gagnèrent Meung, où le convoi était arrivé sans encombre.

Pendant que se passaient ces événements, Raoul de Gaucourt, gouverneur d'Orléans, activait les préparatifs de défense. Il fit faire un nouveau recensement de la population capable de porter les armes, qui donna le chiffre d'environ cinq mille bourgeois.

Si l'on ajoute le nombre de cinq cents soldats composant la garnison, amenés par le Bâtard, on aura l'effectif total dont disposait la défense de la cité.

On doubla le guet placé sur les tours de Saint-Pierre-Empont et de Saint-Paul. Chaque porte de la ville fut pourvue d'une cloche, que les sentinelles devaient sonner pour prévenir le beffroi de Saint-Pierre-Empont, qui seul sonnait l'alarme.

En même temps, de tous les points des provinces fidèles les secours affluaient. La Rochelle et Poitiers envoient de l'argent ; Montpellier et Albi des munitions, de la poudre et des armes ; le Bourbonnais et l'Auvergne, de l'acier pour fabriquer des arbalètes ; Angers, Bourges, Tours, des vivres et du bétail.

Puis les Orléanais s'imposent, et, pour lever toutes les hésitations, le bâtard d'Orléans, Jehan, comte de Porcieu et de Mortaing, grand chambellan de France et lieutenant général du roi, ayant pleins pouvoirs pour assurer la défense de la ville, dicte une ordonnance le 16 septembre, prescrivant des impôts extraordinaires et les répartissant dans la cité.

Ces dispositions prises, le bâtard partit, vers le milieu de septembre, pour aller chercher à la cour de France les secours indispensables pour la défense de la place.

Cependant, Salisbury poursuivait son plan. Une forte colonne vint assiéger le donjon de Beaugency par la rive droite, tandis qu'une troupe assez considérable traversait la Loire à Meung et se présentait devant le pont fortifié.

Pris entre deux feux, menacés par la ville et par la Sologne, les assiégés capitulèrent le 25 septembre.

Peu après, une colonne volante s'empara des châteaux de Marchenoir et de la Ferté-Hubert.

A la fin de septembre, les Anglais possédaient tout le pays à l'ouest et au nord d'Orléans. Tous les châteaux de la Beauce leur appartenaient, et les deux places importantes entre Blois et Orléans leur servaient de dépôt d'armes, de vivres, d'habillements et de munitions.

Il leur restait à conquérir la région à l'est de la ville.

Le 2 octobre, Jean de la Pole se présente devant Jargeau, en établit le siège et le pousse avec tant de vigueur, que le 5 la ville se rend. A partir de cette date, Jargeau devint un hôpital anglais, sur lequel on évacua tous les blessés et les malades du siège d'Orléans.

Le 6 octobre, Jean de la Pole se présenta devant Châteauneuf, qui ouvrit ses portes sans résistance.

Orléans restait isolée, debout au milieu des possessions anglaises, enserrée dans un cercle de fer, suprême boulevard du nom et du pays de France.

Ayant laissé une garnison à Châteauneuf et à Jargeau, le capitaine anglais rejoignit l'armée à Meung et Beaugency, en passant par la rive droite de la Loire.

Le 7 octobre, il vint cantonner à Olivet, et, dans la soirée, tenta une reconnaissance sur le faubourg du Portereau, où les Orléanais avaient établi quelques postes avancés, dans les dernières maisons du côté d'Olivet.

La reconnaissance se heurta contre ces postes et fut repoussée avec vigueur.

Le lendemain 8, Jean de la Pole rentrait à Meung.

V. — Le siège d'Orléans du 12 octobre au 30 décembre 1428

Cette démonstration des Anglais sur la rive gauche de la Loire donnait aux Orléanais tout lieu de croire qu'ils seraient attaqués de ce côté et que l'ennemi, tenant la région au nord du fleuve, commencerait par isoler la ville des provinces méridionales, en essayant de s'emparer du pont.

Aussi résolurent-ils de construire au sud du fort des Tourelles, sur la rive gauche même, une tête de pont analogue aux ouvrages qu'ils avaient élevés en avant de chacune des portes de la ville.

Lorsqu'on sortait du pont, on se trouvait dans une grande place, limitée au sud par l'église et le couvent des Augustins, d'où partaient trois routes, bordées de maisons et composant le faubourg du Portereau : celle du centre menait à Olivet.

Ce nouveau boulevard remplissait en partie cette place. Il fut tracé sur les bords mêmes du fleuve, de façon qu'en sortant du fort des Tourelles et en franchissant le petit bras de la Loire sur le pont-levis, on pénétrait dans cet ouvrage, qui prit le nom de boulevard des Tourelles.

Long de soixante pieds et large de quatre-vingts, il se composait d'un fossé sec de vingt-quatre pieds de largeur, revêtu de fascines, et d'un parapet sur lequel régnait une palissade. Une fraise de pieux, à demi noyés dans le talus et inclinés sur le fossé, rendait impossible l'assaut du parapet, à moins d'incendier cette défense. Entre le fossé et l'église des Augustins, située juste au sud, s'étendait un espace de quarante pieds de largeur.

Enfin un petit pont de bois à l'est, débouchant sur la place, permettait de franchir le fossé et de sortir du boulevard.

Les habitants travaillèrent avec ardeur à cette construction jour et nuit, et mirent tout en œuvre pour l'achever le plus rapidement possible, s'attendant à une attaque d'un jour à l'autre.

Le matin du 12 octobre, le guet signala l'arrivée des Anglais à Olivet. C'était un corps de troupes considérable, qui venait sans doute pour tenter la prise de vive force du fort des Tourelles.

A cette date, Orléans avait pour gouverneur le sire de Gaucourt, et comme défenseurs plusieurs chevaliers qui s'étaient jetés dans la place lors des premières menaces des Anglais : le seigneur de Villars, capitaine de Montargis ; messire Mathias, chevalier aragonais ; les seigneurs de Guitry et de Coarraze ; Xaintrailles et Poton, son frère ; Pierre de la Chapelle, gentilhomme de Beauce ; avec eux quatre cents hommes de métier et cinq mille bourgeois, capables de porter les armes et exercés.

L'armée anglaise comptait trois mille hommes, sous le commandement de Thomas Montaigu, comte de Salisbury et de Sarun, ayant sous ses ordres Guillaume de la Pole, comte de Suffolk et de Dreux, et Jehan de la Pole, son frère ; Thomas de Scales, baron de Nucelles, vidame de Chartres ; Guillaume Neville, lord Falconbridge, capitaine d'Évreux ; le bailli d'Évreux, dont on ne connaît pas le nom ; Richard, seigneur de Grey, neveu de Salisbury, capitaine de Janville ; Guillaume de Mollins, frère de Guillaume Glasdalle ; Richard Pougnys, Guillaume Glasdalle, bailli d'Alençon, que les chroniques appellent Glacidas ; Lancelot de l'Isle, et nombre d'autres seigneurs, tant Anglais que Français félons.

La nouvelle donnée par le guet causa dans la ville un certain émoi, car le boulevard des Tourelles n'était pas encore achevé.

On redoubla de travail et d'efforts, mais comme on estimait qu'une journée serait encore nécessaire pour son complet achèvement, les chefs de la milice, les chevaliers et le sire de Gaucourt tinrent conseil et décidèrent que, pour gagner du temps, on brûlerait le faubourg de la rive gauche, ce qui empêcherait l'ennemi d'approcher, et surtout d'y trouver des gîtes.

On mit immédiatement cette résolution à exécution, en incendiant les Portereaux.

Le feu prit très rapidement, en raison de la grande quantité de maisons construites en bois qu'ils contenaient. Les habitants se réfugièrent dans la ville. En même temps, on démolissait l'église et le couvent des Augustins.

Malheureusement, cette dernière opération resta incomplète, et l'ennemi put facilement relever les ruines et s'en servir comme entrepôt de vivres et de munitions.

Cependant les Anglais, traversant le Loiret à Olivet, s'avançaient vers le faubourg.

L'incendie, qui sévissait avec une extrême violence, les obligea de dresser leurs tentes assez loin et d'attendre sa fin.

Ils passèrent donc la nuit au bivouac. Le lendemain seulement, pouvant s'approcher, ils établirent leur camp à l'est du boulevard des Tourelles, sur le bord de la Loire, dans les jardins et les vignes, à peu près à l'emplacement de la rue des Anguignis [1] actuelle. Il y avait là un terrain en contre-bas, masqué par des buissons et des arbustes, et séparé du fleuve par une *turcie* ou levée, dite de Saint-Jean le Blanc. Ils fortifièrent leur camp d'un retranchement, composé d'un parapet et d'un fossé mesurant cent vingt pieds de long sur vingt-quatre de large.

Puis, les Orléanais ne tentant point de sortie, ils occupèrent le couvent et l'église des Augustins, et l'entourèrent d'un boulevard (fossé et parapet). Vingt-quatre pieds seulement séparaient ce fossé de celui du boulevard des Tourelles.

Enfin, dans cet ouvrage, solidement défendu par une palissade, ils placèrent une batterie de canons destinée à bombarder le fort des Tourelles.

Certains écrivains ont dit que ces pièces tiraient sur la ville. Mais le fort des Tourelles, faisant écran et masquant la vue du côté du nord, empêchait que le feu fût dirigé sur la cité, à moins que l'on ne tirât très obliquement, ce qui, en raison de la faible portée des pièces (cinq cents pas environ), eût supprimé tout effet utile.

L'église restaurée devint dépôt, et le comte de Salisbury se logea dans le couvent réparé. Enfin, sur la *Turcie* de Saint-Jean le Blanc, en face du camp, les Anglais établirent une batterie, composée certainement de plusieurs pièces, parmi lesquelles « un gros canon qu'ils nommoient passe-voulant, lequel jectait pierres pesant quatre-vingts livres. »

Pendant tous ces travaux, les Orléanais achevaient leur boulevard. Ils l'occupèrent avec une solide garnison de soldats et de miliciens.

Tous les jours qui suivirent, les Anglais poussèrent des reconnaissances sur le boulevard pour épuiser les défenseurs, mais ces démonstrations se bornaient à de simples escarmouches.

[1] Ce nom semble avoir pour origine le mot « Anglais. »

Ces travaux et ces installations demandèrent plusieurs jours.
On peut s'étonner à bon droit que les Français n'aient pas tenté
de troubler les préparatifs des Anglais par des sorties. Ils en
avaient certainement la possibilité, car tous les habitants de la
ville se montraient pleins d'ardeur et de courage, et résolus à
se défendre jusqu'à la dernière extrémité. Le meilleur mode de
défense, au début d'un siège, consiste assurément à bouleverser
les travaux de l'assiégeant et à l'empêcher d'occuper des positions favorables, quand même on devrait éprouver de grandes
pertes dans ces entreprises.

Le 17 octobre, un dimanche, les Anglais commencèrent à
bombarder la ville et le fort des Tourelles. Ils jetèrent ce jour-
là dans Orléans cent vingt-quatre boulets de pierre, pesant cent
seize livres. Ces projectiles tuèrent seulement une femme, nom-
mée Belle, qui demeurait près de la poterne Chesneau, mais
firent beaucoup de dégâts aux maisons, et surtout détruisirent
douze moulins qui se trouvaient sur la rive droite du fleuve,
entre le Châtelet et la Tour Neuve.

Les Orléanais recevaient ordinairement des grains et non des
farines, aussi cette perte leur fut-elle très sensible. Ils se hâtèrent
de construire, dans l'intérieur de la ville, onze moulins à chevaux
« qui moult les réconfortoient, » dit naïvement l'historien.

A partir de ce dimanche le feu ne cessa ni jour ni nuit; mais,
malgré ce tir continu, les assiégés tentèrent plusieurs sorties
sur le camp et sur le boulevard des Augustins, sans résultat
sérieux.

Le 21 octobre, de grand matin, les guetteurs de Saint-Pierre-
Empont et les vigies du fort des Tourelles prévinrent les assiégés qu'un mouvement inusité se produisait dans le camp ennemi,
et que des préparatifs s'y faisaient laissant supposer qu'on
comptait livrer un assaut.

Aussitôt tous les chevaliers présents à Orléans se jettent
dans le boulevard des Tourelles. Ce sont Archambaut, seigneur
de Villars, messire Mathias Aragonais, les seigneurs de Guitry,
de Coarraze, Xaintrailles et Poton son frère, Pierre de la Chapelle et Nicole de Giresme, chevalier de Rhodes; avec eux, tous
les soldats et nombre de bourgeois. Vers dix heures du matin,
les Anglais se ruaient à l'assaut de l'ouvrage.

Le choc fut terrible; mais les défenseurs le soutinrent avec la plus grande intrépidité. Ils renversaient dans le fossé les échelles appliquées contre les palissades, criblaient les assaillants de flèches et de balles d'argile, engageaient la lutte corps à corps, à coups de haches et de piques, avec les plus hardis qui parvenaient à s'approcher des palissades, et les couvraient de chaux, de poix et d'huile bouillante.

Les femmes de la cité étaient accourues, encourageant les défenseurs, les excitant à la lutte. Formant une chaine ininterrompue à travers le fort des Tourelles, le pont et les rues de la ville, elles faisaient parvenir aux assiégés dans le boulevard la graisse et l'huile bouillante, la chaux, des cendres brûlantes et du vin.

Grâce à cet inestimable secours, les défenseurs repoussèrent tous les assauts.

L'attaque dura quatre heures, depuis dix heures du matin jusqu'à deux heures de l'après-midi, et les Anglais durent rentrer dans leur camp et dans la bastille des Augustins.

Des deux côtés, les pertes furent énormes, mais plus sensibles pour les Orléanais, car sur quatre cents soldats de métier dont se composait la garnison, trois cents étaient tués ou blessés, ainsi qu'un égal nombre de bourgeois.

Les Anglais comptèrent sept cents hommes atteints, dont deux cent quarante tués.

Cette résistance opiniâtre montra clairement à l'ennemi qu'il ne pouvait prendre de vive force le boulevard, aussi résolut-il de s'en emparer par surprise.

Dès leur rentrée aux Augustins, les Anglais commencèrent à creuser une galerie de mine.

Elle partait du fond du fossé du boulevard des Augustins et traversait à couvert le terre-plein de vingt-quatre pieds, qui séparait ce fossé de celui du boulevard des Tourelles. Arrivés là, ils devaient travailler à découvert. Ils attendirent la nuit et construisirent pour le traverser un abri en charpente ; puis, ayant atteint le parapet, ils le minèrent en plusieurs endroits sur une grande longueur. Il semble probable qu'ils remplirent de matières combustibles une large galerie, étayée de bois et creusée sous la masse de terre, de telle sorte qu'on pût y mettre le feu un peu avant l'assaut. Les bois d'étais venant à se consumer devaient bouleverser le parapet et faciliter le passage.

Cette façon d'opérer en usage sous les murailles en maçonnerie, qui, en s'effondrant, ouvraient de larges brèches, pouvait fort bien s'employer sous les parapets de terre.

L'hypothèse, faite par certains écrivains, d'une galerie de mine débouchant dans le terre-plein du boulevard des Tourelles, est inadmissible; car les assiégés auraient eu beau jeu contre des assaillants se présentant sur un front de deux ou trois hommes au plus.

Les défenseurs, entendant le bruit fait par les travailleurs, se rendirent compte de l'exécution de la mine et comprirent que le parapet s'effondrerait bientôt. Ils s'attendaient à une attaque. En effet, le 22, au petit jour, la cloche de la tour de Saint-Pierre-Empont sonna l'alarme. Les Anglais, sans doute, se préparaient à un assaut, et du beffroi très élevé on voyait tout ce qui se passait dans leur camp.

Cet avertissement leur prouva que les assiégés se tenaient sur leurs gardes. Ils n'osèrent pas recommencer la tentative de la veille.

Cependant, à la sonnerie d'alerte, les Orléanais se portèrent en masse au boulevard. Reconnaissant que la position n'était plus tenable, ils résolurent de l'abandonner et de se retirer dans le fort des Tourelles.

En visitant celui-ci avec attention, on s'aperçut qu'il avait beaucoup souffert du feu des canons de la bastille des Augustins et probablement aussi de l'ébranlement causé par le tir de ses propres pièces. Dans plusieurs de ses parties il menaçait ruine.

Il semblait de toute nécessité de l'évacuer aussi, quoique le pont dût rester sans défense lorsque le fort tomberait entre les mains de l'ennemi. Cependant on crut devoir s'y résoudre, et l'on s'arrêta au projet de construction d'un boulevard sur le pont, sorte de barricade qui fermerait le passage après l'abandon du fort.

Cette décision a tout lieu de nous étonner. On pouvait le réparer, le consolider, l'armer : il ne fallait l'abandonner qu'à la dernière extrémité. Sa possession garantissait celle du pont, seule voie d'accès dans la ville, et, bien mieux, eût rendu impossible aux Anglais l'occupation du boulevard des Tourelles, battu par son feu, et très difficile leur installation aux Augustins. Les assiégés montraient une bravoure à toute épreuve dans le combat, mais demeuraient pusillanimes et irrésolus en face de grandes décisions à prendre. Ils entendaient conserver la place au roi, et pour cela s'enfermaient derrière ses murailles. Mais l'esprit d'audace et d'initiative leur manquait, comme il avait manqué durant toute cette terrible guerre de Cent ans à la noblesse française.

On se mit aussitôt à l'œuvre, et le retranchement s'éleva sur une arche du pont, la sixième. On l'édifia en terre et en poutres de bois, si solidement qu'il fallut lorsqu'on le détruisit après le siège, le 28 février 1430, quarante-deux voitures pour enlever les bois. L'opération dura plusieurs jours.

Les Orléanais employèrent toute la journée et la nuit à sa construction. Le lendemain 23, un samedi, ils brûlèrent les palissades et le corps de garde du boulevard des Tourelles, et en bouleversèrent les parapets « parce qu'il étoit tout rompu et n'estoit pas tenable au dit des gens de guerre. » Ceci fait, ils se retirèrent dans le fort, mais pour le traverser seulement. Ils n'y laissèrent qu'un petit nombre de défenseurs, et se replièrent derrière le boulevard du pont, en rompant en avant de cette barricade une arche du pont. L'obstacle devait être fort difficile à franchir, aussi jetèrent-ils par-dessus le vide quelques planches, pour permettre aux derniers défenseurs du fort de regagner la ville.

Le lendemain 24, les Anglais assaillirent les Tourelles avec tous les engins nécessaires à un assaut. Ils dressèrent leurs échelles, et, trouvant une faible résistance, ils occupèrent le fort à deux heures de l'après-midi, après que les quelques défenseurs se furent retirés.

La prise de cet ouvrage était un grand succès pour les assiégeants. Son occupation les assurait, pensaient-ils, que nul secours ne pourrait arriver à la ville des provinces fidèles.

Les possessions anglaises, dès lors, entouraient Orléans de toute part.

Dès qu'ils eurent pénétré dans le fort, ils rompirent deux arches consécutives du pont du côté de la ville, et construisirent en arrière du dernier vide une barricade en terre, couronnée d'une palissade. Puis, ils s'employèrent jour et nuit à réparer le fort et à le consolider. Le comte de Salisbury en donna le commandement à Guillaume Glasdalle.

En même temps que l'on poussait ces travaux avec vigueur,

on remania complètement le boulevard des Tourelles, que l'on mit en état de recevoir une forte artillerie : de sorte qu'il devint un ouvrage redoutable, assurant la sécurité du fort contre une attaque possible d'un secours envoyé par le roi et venant par la Sologne.

Cependant, l'intrépidité avec laquelle le boulevard avait été défendu, les pertes subies par les Anglais, donnèrent à penser à Salisbury qu'il n'aurait pas facilement raison de la place, et, modifiant son plan primitif d'attaque de vive force, il résolut de l'enserrer dans une ceinture d'ouvrages, afin de la prendre par la famine.

Pour étudier l'emplacement futur des travaux, le fort des Tourelles, très élevé, lui offrait un poste excellent ; car la ville, bâtie sur un coteau descendant vers le fleuve, se présentait tout entière en amphithéâtre, ainsi que ses environs immédiats, aux yeux d'un observateur. Aussi, le soir de ce même dimanche, Salisbury se rendit-il au fort avec quelques officiers et le sire de Glasdalle, et monta dans l'une des tours pour « regarder mieulx l'assiecte d'Orléans. » A peine y était-il, étudiant la contrée par l'une des fenêtres du sommet de la tour, qu'un projectile lancé par un canon de la tour Notre-Dame vint le frapper, lui enleva la moitié de la tête et, dit naïvement la *Chronique*, « lui creva un œil. »

On le transporta de suite à Meung, où il mourut le mercredi suivant, 27 octobre, pleuré par son armée entière, car il passait pour le meilleur homme de guerre de l'Angleterre.

Cependant, le bâtard d'Orléans, qui avait quitté la ville dans le courant du mois de septembre, pour aller chercher du secours près du roi, ayant obtenu tout ce que l'on pouvait attendre d'un monarque sans énergie et d'un pays démoralisé par le nombre et la rapidité de ses défaites, revenait, conduisant une troupe de renfort à la ville assiégée.

Il conduisait une troupe de huit cents soldats, hommes d'armes, archers, arbalétriers, et un corps d'infanterie italienne, commandés par Jean de Brosse, seigneur de Saint-Sévère, d'Huriel de la Perouse et de Boussac, conseiller et chambellan du roi, et maréchal de France du 17 juillet 1426 ; Jean V, sire de Pueil, seigneur de Montrésor, de Saint-Calais, et comte de Sancerre ; Jacques de Chabannes, seigneur de la Palice ; Pierre d'Amboise, seigneur de Chaumont-sur-Loire ; messire Theaulde de Valperguc, lombard, et Étienne de Vignolles dit la Hire, vaillant capitaine gascon, enfin un Aragonais, Guillaume de Cernay.

Cette troupe, réunie à Blois, arrivait directement de cette ville par la rive droite. Nous verrons que, durant le siège, ce chemin servit souvent pour les convois de vivres qui venaient ravitailler Orléans.

Tous les jours qui suivirent, les Anglais réparèrent de leur mieux le fort des Tourelles et le boulevard, dont ils firent un ouvrage formidable. Ils abandonnèrent leur camp primitif et se logèrent dans le couvent des Augustins, dont ils firent un arsenal.

Ces travaux terminés constituaient une puissante forteresse sur la rive gauche de la Loire, armée de façon à résister à une attaque venant de la ville ou de la Sologne, et l'ennemi pouvait être assuré de la conserver.

La troupe qui l'occupait avait un effectif insuffisant pour établir le blocus de la ville sur la rive droite ; de plus, elle se trouvait encombrée des malades et des blessés provenant des attaques du boulevard et du fort ; puis elle se laissait aller à un peu de découragement devant les difficultés imprévues de ce siège. Aussi fut-il résolu de laisser à Glasdalle le commandement des ouvrages de la rive gauche, avec cinq cents hommes, et d'évacuer tout le reste, qui constituerait le noyau de l'armée destinée à établir le blocus de la rive droite.

Le 8 novembre, les assiégeants mirent ce projet à exécution. Ils dirigèrent sur Jargeau tous les malades et les blessés, et les hommes valides gagnèrent Meung, dépôt et centre de ravitaillement de l'armée anglaise.

Les choses restèrent en cet état pendant tout le mois de novembre. Les Anglais tiraient sans relâche du fort des Tourelles sur la ville, lançant d'énormes boulets de pierre, qui firent des dégâts assez considérables.

Les assiégés comprenaient que le siège ne se bornerait pas à l'occupation des Tourelles. Ils savaient, par des espions et des marchands, que les Anglais recevaient à Meung des renforts, et ils s'attendaient à être investis par la rive droite. Dans ce mois, ils prirent et exécutèrent l'héroïque décision de détruire tous les environs de la ville et les églises, qui s'y trouvaient en quantité et leur étaient chères à bien des titres. Alors, dit le Journal du siège, « demolirent tous les forsbourgs d'entour leur cité, qui estoit très belle et très riche chose à veoir avant qu'ilz feussent abattuz, car il y avoit de moult grands édifices et riches, et tellement que on tenoit que c'estoient les plus beaux forsbourgs de ce royaume. »

On consacra le mois de novembre en entier à ces destructions et, le 29 du mois, tout était consommé. Les faubourgs et les églises, démolis et brûlés, faisaient le désert autour de la cité. La garnison d'Orléans, durant tout ce temps-là, se confina dans l'inaction la plus complète. La place renfermait, déduction faite des blessés du 25 octobre, cent soldats de métier, et, le 6 du mois, Dunois en avait amené huit cents.

Or, le 8 novembre, les Anglais restaient cinq cents dans le fort des Tourelles, très compromis, qu'ils réparèrent. Comment peut-on imaginer que Dunois n'osa pas les attaquer, alors qu'il disposait de forces supérieures en hommes du métier, et que les bourgeois de la ville pouvaient, non seulement garder la cité, mais même leur prêter main-forte, comme ils l'avaient prouvé à l'attaque du boulevard des Tourelles? La place se contenta de répondre, par le tir de ses bombardes, au feu de l'assiégeant.

Le 1ᵉʳ décembre, un détachement de trois cents hommes arrivait aux Tourelles, sous le commandement de Jean Talbot et du seigneur d'Escalles. Il escortait un convoi considérable de vivres, de munitions, d'effets d'habillement et d'armes, parmi lesquelles surtout des canons et des bombardes, qu'ils mirent tout de suite en batterie dans le boulevard et le fort des Tourelles.

Dunois ne fit aucune tentative pour arrêter la marche de ce lourd convoi ni pour l'inquiéter.

Cependant les Orléanais connaissaient tous ces détails, car ils entretenaient des espions un peu partout. Ils savaient le départ des Anglais le 8 octobre et la marche du convoi le 1ᵉʳ décembre. Il faut bien admettre que ces seigneurs, très braves, très vaillants, manquaient d'initiative et ignoraient absolument les règles les plus élémentaires de la guerre.

Les Orléanais eussent pu facilement passer la Loire en

barques et se porter au-devant des troupes ennemies, arrivant par la Sologne. Surtout, ils eussent pu facilement attaquer le fort des Tourelles, qu'ils laissèrent réparer tranquillement.

A la date du 1er décembre, les habitants des faubourgs détruits se réfugièrent dans la ville, dont la population monta à trente mille âmes.

Dès que les Anglais eurent mis en batterie les nouvelles pièces amenées le 1er décembre, le feu redoubla d'intensité sur la ville sans interruption. Elles lançaient des boulets de pierre pesant jusqu'à cent soixante-douze livres, qui occasionnaient de grands dégâts dans les édifices de la cité.

Chaque jour le feu continuait avec une redoutable violence, et les Anglais ne restaient pas oisifs.

Le 7 décembre, à trois heures du matin, la cloche du beffroi se fit entendre, appelant aux armes les soldats et les habitants de la ville.

Au milieu de la nuit, le tocsin retentissait sinistre. Chacun s'armait en hâte, descendait dans la rue ; la foule des hommes en armes s'interrogeant, demandant des nouvelles, débouchant de tous côtés à la rouge lueur des torches, se précipitait vers le pont.

En effet, pendant la nuit, les Anglais avaient jeté des poutres sur les arches brisées, et, traversant ces passerelles improvisées sans bruit, essayaient d'escalader et de prendre par surprise le boulevard du pont, que l'on appelait boulevard de la Belle-Croix, du nom d'une croix placée à cet endroit.

Deux soldats étaient déjà parvenus au sommet du parapet ; mais le poste, qui veillait, les aperçut et donna l'alarme. Aussitôt la cloche du beffroi sonna l'alarme et les assaillants durent se retirer dans le fort, en laissant quelques-uns des leurs, tués ou blessés.

Cependant, le feu des Tourelles devenant très dangereux, on résolut, pour le réduire au silence, d'augmenter celui de la place. En avant de la poterne Chesneau, sur la crèche, sorte d'éperon en maçonnerie qui s'avançait dans la Loire et servait à amarrer les moulins, on établit, le 23 décembre, une forte bombarde, fondue à Orléans même, qui jetait des boulets de pierre de cent vingt livres.

Près de cette même poterne, on possédait déjà deux canons

appelés, suivant l'usage du temps de donner un nom aux pièces, « le Montargis et le Rifflart. »

Ils tirèrent, pendant toute la durée du siège, sur le fort des Tourelles, et lui firent un mal considérable.

Le 25 décembre, jour de Noël, les deux partis, d'un commun accord, conclurent une trêve. Elle devait durer de neuf heures du matin jusqu'à trois heures de l'après-midi, et fut fidèlement observée.

Pour se divertir, les Anglais demandèrent qu'on leur permit de jouer de différents instruments de musique, et le comte de Dunois, ainsi que le maréchal de Saint-Sévère, auxquels la requête était adressée, y consentirent.

Tout rentra dans l'ordre et le guet reprit, dès que l'heure de l'expiration de la trêve eut sonné.

Pendant ce mois de décembre, le Journal du siège fait mention de maître Jean.

Lorrain, venu pour offrir ses services à la ville d'Orléans, il jouissait de la réputation d'être le meilleur maître dans le métier de coulevrinier. Il se servait d'une grosse coulevrine et se tenait ordinairement sur la barricade du pont, le boulevard de la Belle-Croix. De là, très adroit tireur, il faisait un mal énorme aux Anglais des Tourelles, et chaque jour en tuait ou blessait plusieurs. Il s'amusait à les mystifier. Dès qu'il avait lâché son coup de feu, l'ennemi le couvrait de projectiles; il se laissait alors choir soudain, comme mort, et se faisait emporter dans la ville. Les Anglais se réjouissaient, pensant être débarrassés de lui, mais il revenait rapidement en se cachant, et, se dressant debout sur la barricade aux yeux ébahis de l'ennemi, il tirait à nouveau et recommençait son manège.

Cependant, dans les environs de la ville, quelques couvents et des églises n'étaient pas suffisamment détruits. Le 29 décembre, les assiégés terminèrent les dernières destructions.

VI. — Le siège d'Orléans du 30 décembre 1428 au 29 avril 1429

Le 30 décembre, une troupe anglaise, forte de deux mille cinq cents hommes, commandée par Suffolk, Talbot, messire Jehan de la Pole, le seigneur d'Escales, messire Lancelot de l'Isle et d'autres chevaliers, vint de Meung et de Beaugency par la route de la rive droite, pour établir le siège de la ville de ce côté.

L'ennemi choisissait la face ouest de la place pour commencer le blocus, parce que les Orléanais ne pouvaient recevoir que de ce côté les renforts en hommes et en vivres venant de Blois. Ils pensaient pouvoir arrêter par ce moyen tous les passages, ou tout au moins, par des patrouilles fréquentes, surprendre les convois et affamer la ville. Nous verrons, en effet, qu'ils avaient l'intention bien plus de réduire la place par la famine que de la prendre de vive force.

Prévenus de l'arrivée de la troupe par les guetteurs du beffroi, Dunois, le maréchal de Saint-Sévère, messire de Chabannes et de nombreux soldats et citoyens de la ville se portèrent à sa rencontre. On exécuta de part et d'autre de très beaux faits d'armes toute la journée. Mais on ne livra que des escarmouches. Les Orléanais harcelèrent les Anglais, de nombreuses provocations furent échangées, suivies de duels et de *passes d'armes* brillantes, mais point de combat sérieux.

Comment peut-on expliquer une si étrange conduite? Orléans possédait au moins six mille hommes, tant bourgeois que soldats. Il eût donc été facile, tout en maintenant une bonne garde au boulevard de la Belle-Croix sur le pont, d'arrêter la marche des Anglais et de leur livrer bataille pour les empêcher de s'établir devant la ville.

Les Anglais, gens pratiques dès cette époque et méthodiques, s'arrêtèrent à Saint-Laurent et s'y établirent.

L'église, ruinée par les Orléanais, occupait une hauteur dominant la Loire, et assez loin de la place pour que le canon ne pût l'atteindre. De plus, battant la route de Blois, elle offrait les meilleures conditions possible, et de suite ils s'y fortifièrent.

Ils reconstruisirent l'église, firent tout à l'entour un parapet et un fossé, sorte de boulevard, surmonté d'une palissade, et placèrent leur camp sur le versant ouest, regardant Blois, en l'entourant également d'un retranchement.

On appelait boulevards des ouvrages en terre. Le mot s'orthographiait *boulouard*, signifiant fait avec de la boue. En 1440, on écrivait boulevert, puis boulevard. On appelait bastilles ou bastides des forts, construits en maçonnerie et couverts. Ces mots viennent du mot bâtir. On dit encore, dans le Midi, bastide pour maison de campagne.

Les boulevards se composaient d'un fossé, d'un parapet à talus. revêtu de fascines et défendu par une fraise de pieux, inclinés au-dessus du fossé, plantés dans le parapet. Une palissade couronnait ce dernier. Il parait probable que les Anglais ne placèrent pas leurs pièces de canon dans des embrasures, mais qu'ils les mirent en barbette, c'est-à-dire tirant par-dessus le parapet, ce qui leur permettait de les pointer dans toutes les directions.

Lorsque ces ouvrages se composent uniquement d'un boulevard, on construit à l'intérieur des taudis, c'est à dire des baraques en planches ou en torchis, couvertes de chaume, servant d'abri pour les hommes, les armes et les vivres.

Si le boulevard entoure une bastille, comme à Saint-Laurent, la construction en maçonnerie sert de logement et de dépôt.

En franchissant le parapet du boulevard de Saint-Laurent, on se trouvait dans une sorte de place d'armes au centre de laquelle s'élevait l'église rebâtie, crénelée, entourée d'un fossé, d'un parapet, formant ainsi réduit central.

Lorsque les défenseurs voulaient franchir le boulevard, pour faire une sortie ou poursuivre les assaillants. on jetait dans le fossé, à des places désignées d'avance par des entailles que l'on pratiquait dans la palissade, des tréteaux sur lesquels des planches étendues formaient passerelle.

La bastille des Augustins et toutes celles construites pendant le siège le furent sur ce modèle.

Le lendemain 31 décembre, deux Français et deux Anglais se livrèrent un combat épique que raconte ainsi le journal du siège : « Le vendredy, dernier jour de l'an, à quatre heures après midy, eut deux Françoys. qui deffioient deux Anglais à faire deux coups de lance, et les Anglais receurent le gaige. L'un des François avoit le nom de Jehan le Guasquet et l'autre Védille, tous deux gascons de la compagnie de la Hire. Ledit Guasquet vint pre-

mier contre son adversaire et le gecta par terre d'un coup de
lance, mais Védille et l'autre Anglais ne peurent vaincre l'un
l'autre. Pour lesquelz regarder avoit assez près d'eux plusieurs
seigneurs tant de France comme d'Angleterre. »

N'assistons-nous pas aux combats singuliers, racontés dans
l'*Iliade*, entre Grecs et Troyens, et dans la chanson de Roland,
entre les douze pairs et les Sarrasins au val de Roncevaux ?

L'année 1429, qui tient une des premières places parmi les
plus célèbres de l'histoire, par les événements extraordinaires
qu'elle devait voir se dérouler, commença par un combat assez
violent.

Vers trois heures de l'après-midi, les Anglais exécutèrent une
reconnaissance sur la porte Renart.

Nous verrons pendant le siège les efforts des assiégeants se
porter continuellement de ce côté-là. Un point faible devait
exister à cet endroit; peut-être les murailles avaient-elles une
moindre élévation.

Dès que le mouvement ennemi se dessina, les assiégés, prévenus de leurs dispositions par le guet, firent une sortie et livrèrent un combat assez vif sur le terrain compris entre les murs,
depuis la porte Renart jusqu'à la Barre-Flambert et la grève de
la Loire. Ils eurent le dessous et durent se retirer en grande
hâte, ayant subi des pertes sensibles, en plus grand nombre que
les assaillants.

Cette reconnaissance offensive réussie donna de la hardiesse
aux Anglais. Ils connaissaient par elle fort exactement la confi-
guration du terrain, la hauteur de la muraille, la profondeur et
la largeur du fossé, l'étendue et la force du boulevard, construit
en avant de la porte; si bien que la nuit suivante, à deux heures,
la cloche du beffroi sonna l'alarme : « Le dymanche ensuyvant, à
deux heures après minuyt, sonna la cloche de la cité à l'effroy. »

Il faisait un temps à souhait pour une surprise; la pluie tombait à torrents : aussi les assaillants purent-ils approcher très
près et commencer à escaiader le boulevard.

Mais l'alarme donnée faisait accourir une quantité de défenseurs qui, sortant en masse par la forteresse et franchissant le
fossé par la basse-cour, obligèrent les Anglais à se retirer, les
poursuivirent et les contraignirent à gagner leur camp fortifié
de Saint-Laurent, où ils se renfermèrent.

Le 3 janvier, un important convoi de bétail arriva dans la ville. Il comptait neuf cent cinquante pourceaux et cinquante moutons. Parti de Blois, ce convoi passa par la Sologne et s'embarqua de grand matin au port de Saint-Loup. Celui-ci, établi sur la rive gauche, en face du monastère de ce nom, que les Orléanais avaient brûlé, consistait en une rampe descendant vers le fleuve et soutenue par des maçonneries, située près de la maison de Boutron, à l'est de Saint-Jean le Blanc, à l'endroit où la levée forme un coude et se rapproche du fleuve. Ce port ne pouvait être sur la rive droite en bas du couvent, comme semblent le dire certains historiens, car, de ce côté, les sables embarrassaient la moitié du lit. Nous avons vu que l'île aux Bœufs n'était séparée de la rive que par un chenal fort étroit et le plus souvent à sec. En 1556 seulement, la Loire établit son cours le long de cette rive. (Acte passé, le 24 août 1556, devant Gilles Herpin et Gilles Menagers, notaires, pour les chanoines de Saint-Aignan.)

De plus, la chronique dit positivement que les convois s'embarquaient au port de Saint-Loup pour traverser le fleuve ; comment eussent-ils pu le faire si le port eût occupé la rive droite ?

Ils s'embarquaient dans de grands bateaux appelés charrières. On ne dételait pas les voitures, et le bétail sur pied s'entassait sur ces barques, comme on le fait encore sur les bacs de nos jours. Les charrières abordaient en face dans l'île aux Bœufs, et le convoi, se mettant en marche, la traversait dans toute sa longueur, puis venait prendre pied sur la rive droite, près de Saint-Aignan.

Pendant toute la durée du siège, les Orléanais employèrent ce mode de passage et les Anglais ne purent que rarement s'y opposer. Les raisons qui firent adopter ce mode d'opérer sont très simples. D'abord, le convoi, arrivant par la Sologne, de Blois ou des provinces du sud, pouvait parcourir en toute sécurité ce pays, que les patrouilles anglaises ne battaient guère ; puis, l'ennemi n'ayant pas de vedettes assez élevées, et le pays étant boisé, n'était jamais prévenu assez à temps de l'arrivée du convoi au port de Saint-Loup.

Enfin, n'oublions pas que les Anglais ne possédèrent sur la rive gauche, durant tout le siège, qu'un effectif variant de cinq cents à mille hommes, mais jamais supérieur, de telle sorte qu'ils ne pouvaient dégarnir les postes du nombre d'hommes nécessaires pour attaquer avec succès des convois, sans doute toujours escortés, craignant, en affaiblissant ainsi leurs ouvrages, que les assiégés ne les attaquassent avec des forces supérieures.

Ajoutons a ces diverses raisons que la route de Blois à Orléans et les environs immédiats de la ville étaient incessamment parcourus par des patrouilles anglaises, et que le passage des convois ne put se faire de ce côté qu'avec les plus grandes difficultés, souvent en obligeant les assiégés à faire une sortie pour aller à leur rencontre.

Le 4 janvier, à trois heures du matin, la cloche du beffroi sonna l'alarme. Les assiégeants attaquaient la ville de deux côtés à la fois, par le boulevard de la Belle-Croix sur le pont, et par la porte Renart. Les assiégés, prévenus, les obligèrent à se retirer, et sur la rive droite les poursuivirent jusqu'à Saint-Laurent.

Le lendemain 5, Louis de Culan, amiral de France, vint de Blois avec deux cents hommes, par la Sologne, et attaqua les Anglais au Portereau, devant les Tourelles.

Le combat, assez vif, convainquit les Français de la forte situation des boulevards des Augustins et des Tourelles. Ils se comportèrent si vaillamment que les Anglais n'osèrent les poursuivre et les laissèrent passer librement la Loire au port de Saint-Loup.

Ils entrèrent triomphalement dans la ville assiégée.

Dès le lendemain 6, jour de l'Épiphanie, on voulut utiliser ce renfort, et les seigneurs de Saint-Sévère et de Culan, avec messire Théaulde de Valpergue, commandant une forte troupe de soldats et de bourgeois, firent une sortie, mais sans aucun résultat.

Pendant les premiers jours de cette année, les Anglais construisirent deux boulevards : l'un dans l'île de Charlemagne, au sud de Saint-Laurent, un peu en aval et dans le milieu du fleuve; de cette façon, ils interdisaient aux bateaux venus de Blois et pouvant remonter la nuit, après avoir évité Beaugency et Meung, de secourir la ville.

Le second boulevard occupait le champ de Saint-Pryvé, juste au sud de l'île de Charlemagne et sur la grève même du fleuve, entre le courant et la Loire.

De cette façon, ils pouvaient passer des Tourelles à Saint-Laurent, et *vice versa*, les vivres, les munitions et même les troupes dont ils auraient besoin. Ils nommèrent Lancelot de l'Isle commandant de ces deux ouvrages, qui consistaient, comme les autres, en un parapet, portant une palissade et revêtu de fascines, car le journal du siège dit : « Ils estoient faits de fagots, sablon et bois. »

Un secours considérable arriva le 10 janvier aux Orléanais. La ville de Bourges leur envoyait de la poudre à canon et des vivres. Ce convoi arriva par le port de Saint-Loup et entra sans encombre dans la ville. On doit dire que pour faciliter son arrivée, les assiégés firent un feu terrible, durant toute la journée, une partie de la nuit et le jour suivant, si bien que les Anglais perdirent beaucoup de monde et ne purent sortir de leurs boulevards de la rive gauche. La toiture d'une des tours du fort des Tourelles s'effondra sous les boulets d'une pièce qui tirait du boulevard de la Belle-Croix, jour et nuit, et la chute des débris écrasa six Anglais.

Le 12, la cloche du beffroi sonna l'alarme de grand matin, parce que les assiégeants s'approchaient de la porte Renart. Se voyant découverts, ils se jetèrent contre le boulevard en poussant de grands cris et en faisant de retentissantes sonneries de clairons et de trompettes.

On les repoussa, et le même jour, dans la matinée, un convoi de six cents pourceaux entra dans la ville.

A partir de cette époque, les jours se suivent les mêmes. Tantôt les Anglais attaquent une porte, tantôt les assiégés font une sortie et assaillent le camp de Saint-Laurent. Les combats restent sans résultats, et presque journellement des convois de vivres, de bétail et de munitions entrent dans la cité.

Le samedi 15, à huit heures du soir, Dunois, le maréchal de Saint-Sévère et le sire de Chabannes firent une sortie par la porte Renart et tentèrent de prendre par surprise le camp de Saint-Laurent.

Mais les ennemis se gardaient bien. L'alarme fut donnée promptement, et le combat, très violent, laissa l'avantage aux Anglais.

Cependant ceux-ci ne perdaient pas de vue leur dessein d'investir entièrement la place. Pour le faire, ils avaient besoin d'un accroissement d'effectifs, et le 16, un fort convoi leur arrivait, composé de dix-huit cents hommes, commandé par Jehan Falstolf, chevalier, grand maître d'hôtel du duc de Bedford, capitaine de Honfleur, et de voitures en grand nombre, chargées de vivres et d'armes de toutes sortes.

A la date du 17 janvier, nous trouvons pour la première fois le nom du boulevard de la Croix-Buisée, ou Boisée, dans le journal du siège. Il est probable que l'ennemi le construisit après la sortie du 15 janvier et le 16.

Cet ouvrage occupait l'extrémité de la rue du Faubourg Madeleine actuelle à sa jonction avec le mail (boulevard des Princes). On construisit la porte Madeleine sur son emplacement, lors de l'édification de la dernière enceinte à la fin du xve et au xvie siècle. Ce nom lui venait d'une croix de bois, que l'on garnissait de guirlandes de buis lors des fêtes, et où les fidèles venaient en procession depuis la cathédrale.

De là on devait avoir des vues sur la porte Renart.

Il est probable que les Anglais commencèrent sa construction seulement le 15. Autrement comment faudrait-il admettre qu'on n'ait pas encore rencontré son nom dans les récits des combats nombreux livrés depuis le commencement du siège sur la rive droite, dans l'étendue de terrain comprise entre la Loire, la muraille et la bastille de Saint-Laurent?

Puis on dit positivement que le 15 les Anglais de Saint-Laurent aperçurent les Français. Donc ceux-ci purent approcher. Or, si un ouvrage eût existé à la Croix-Buisée, l'ennemi l'aurait gardé et les sentinelles eussent donné l'alarme avant celles de Saint-Laurent, car on ne pouvait sortir de la porte Renart sans être vu ou entendu de cet ouvrage, même en admettant que les Français fussent descendus vers la Loire pour échapper à ce boulevard et gagner Saint-Laurent par la grève, puisque la Croix-Buisée dominait toute cette partie du terrain s'inclinant vers le fleuve.

Donc, après la sortie des assiégés, le 15, l'ennemi commença la construction du boulevard; il eut toute la nuit et la journée du lendemain pour l'achever et l'armer avec les nouvelles pièces amenées par sir Falstolf.

Aussi, le 17 janvier, commencèrent-ils à tirer sur la ville des boulets de pierre, dont quelques-uns tombèrent jusque devant la porte Bernier (place du Martroi). Le même jour, les assiégés et les assiégeants échangèrent un cartel. Six Français devaient se mesurer contre six Anglais dans un champ près de la porte Bernier. Mais ces derniers ne se présentèrent pas.

Cependant des convois de vivres et de bétail entraient dans Orléans, et les plus grands dangers qu'ils couraient ne venaient pas toujours des patrouilles ennemies.

Le 18 au matin, deux cents pourceaux, embarqués au port de Saint-Loup, avaient débarqué heureusement dans la ville, et des marchands de la Sologne, amenant cinq cents têtes de bétail, pensaient les faire passer de même. Mais des gens de Sandillon, village près de Jargeau, sur la route de Saint-Jean-le-Blanc, payés par les Anglais, les prévinrent de l'arrivée de ce convoi. Les ennemis s'embusquèrent près du port, et, dès l'arrivée du bétail, le prirent et le conduisirent à Jargeau. Ils s'emparèrent en même temps de la charrière qui servait au passage du fleuve.

La perte de ce bateau causait aux assiégés un sérieux dommage. Il fallait à tout prix le reprendre. L'ennemi, l'ayant emmené vers les Tourelles, pensait le faire passer dans le bras de la Loire, entre la rive et l'île aux Toiles. Alors les assiégés se firent conduire en bateaux dans cette île vers trois heures de l'après-midi. Voyant cela, les Anglais, embusqués derrière la levée de la rive gauche et abrités dans les terrains en contrebas, guettèrent leur arrivée. Dès que les Orléanais débarquèrent, l'ennemi se leva en tumulte, en poussant de grands cris, et les couvrit de traits. Si bien que les Français durent se rembarquer et regagner la cité, en laissant vingt-deux morts et deux gentilshommes prisonniers : le petit Breton et Remonet.

La coulevrine de maître Jehan fut prise, et lui-même n'échappa que par miracle à la mort, manqua se noyer et passa le fleuve à la nage.

Le 24 janvier, La Hire arriva de Blois avec trente hommes d'armes à quatre heures de l'après-midi; malgré le feu violent que les Anglais dirigèrent contre lui, personne ne fut blessé. Les troupes et les convois venant de Blois par la rive droite faisaient un détour au nord pour éviter Saint-Laurent, entraient dans la ville par la porte Bourgogne.

Chaque jour des combats se livraient.

Le 26 janvier, les assiégés firent une sortie et marchèrent vers la bastille Saint-Laurent. Les Anglais s'avisèrent que leurs adversaires avaient le soleil dans les yeux, ce qui les empêchait de tirer avec justesse. Nous devons donc penser que l'opération eut lieu l'après-midi, le soleil se couchant derrière Saint-Laurent, et qu'il faisait une splendide journée d'hiver.

Les Anglais en profitèrent; ils sortirent de leur camp en grand nombre pour se jeter sur les Français, qu'ils repoussèrent jusqu'à la porte Bernier, avec tant de furie, qu'ils arrivèrent en même temps qu'eux sur le boulevard.

Mais les défenseurs des murailles ouvrirent sur eux un feu tellement violent qu'ils ne purent aller plus loin. On compta dans cette affaire vingt Anglais tués. La poursuite fut en effet si pressante et les rangs si bien confondus, qu'un des archers du maréchal de Saint-Sévère fut tué par un boulet tiré de la place.

Le lendemain, les assiégeants attaquaient la porte Renart et les Français firent une sortie pour les repousser, mais le désordre se mit dans les rangs. Ils allaient se replier, lorsque le maréchal de Saint-Sévère rétablit l'ordre et recommença le combat, de telle sorte que les Anglais rentrèrent à Saint-Laurent.

Le 28 janvier, à onze heures de la nuit, reviennent dans la ville des gens envoyés précédemment par les assiégés au roi de France pour lui demander du secours.

En effet, les Orléanais envoyaient fréquemment solliciter le roi. Pour que Charles VII secouât son apathie, il fallait des demandes pressantes, adressées par des seigneurs de haut parage, qui tentaient de relever son moral et de lui persuader que, la cité prise, c'en était fait de sa couronne. Alors il avisait à réunir de maigres subsides, quelques convois de vivres et quelques lances, que l'on expédiait sans grand espoir de voir se terminer un siège qui durait déjà depuis de si longues semaines.

Aussi, le 29, de grand matin, les seigneurs de Villars, Xaintrailles, son frère Poton et messire de Cernay revenaient d'auprès du roi.

Presque en même temps, les Anglais tentèrent une attaque contre les murailles s'étendant de la porte Renart à la Loire. Repoussés, ils perdirent dans cette affaire, qui semble avoir été chaude, un de leurs capitaines. Le soir, de part et d'autre, on conclut une trève pour qu'une entrevue ait lieu entre La Hire et messire Lancelot de l'Isle, probablement pour convenir de l'enlèvement des morts. A l'expiration, ils se séparèrent. Mais les assiégés, sans attendre que les Anglais fussent rentrés dans leur camp, tirèrent sur eux et tuèrent Lancelot de l'Isle.

Le guet du beffroi signalait avec une extrême minutie et la plus grande vigilance les moindres mouvements des assiégeants. Or, le dimanche suivant 30 janvier, il prévint que plusieurs ennemis quittaient le camp de Saint-Laurent, gagnaient les vignes situées entre Saint-Jean et Saint-Ladre (hôpital situé sur l'emplacement du Sacré-Cœur actuel, rue du Faubourg Bannier), pour piller les échalas afin d'en faire du feu. Saint-Sévère, Poton, de Chabannes, messire Denis de Chailly et messire de Cernay sortirent en hâte et se ruèrent sur eux, si vigoureusement qu'ils en tuèrent sept et firent quatorze prisonniers.

Dans la nuit qui suivit, Dunois sortit avec quelques chevaliers et écuyers pour aller à Blois, où Charles, comte de Clermont, fils aîné du duc de Bourbon, venait de prendre le commandement des troupes royales, levées en Poitou, Berry, Bourbonnais, afin de le décider à venir au secours d'Orléans.

Après avoir dépassé les fossés de la ville, cette troupe se mit à parler à si haute voix dans le silence de la nuit, que les sentinelles de la Croix-Boisée et de Saint-Laurent les entendirent très distinctement. Probablement ils passaient très près, ne faisant qu'un faible détour pour éviter les ouvrages ennemis, et reprendre au delà du camp la route de Blois, pensant que les voiles de la nuit déroberaient leur marche.

L'éveil donné au camp anglais ne fit point sortir l'ennemi de ses remparts, dans l'ignorance de l'effectif de la troupe qui passait et de sa direction exacte.

Le 31 janvier, un convoi de huit chevaux chargés d'huiles et de graisses entra dans la ville.

Cependant on décida de tenter une sortie le 3 février. Le maréchal de Saint-Sévère, Jacques de Chabannes, La Hire, le sire de Coarraze sortirent par la porte Renart et coururent contre la bastille Saint-Laurent, si rapidement que les Anglais n'eurent pas le temps de quitter leurs retranchements et de se mettre en bataille. Mais ils se déployèrent à l'intérieur.

Ils avaient grandement raison. Solidement établis derrière leurs palissades, ils voyaient venir sur eux les Français armés et équipés pour combattre en rase campagne, mais dépourvus de tous les engins nécessaires pour pratiquer une brèche et franchir le fossé, tels que pics, haches, échelles, fagots incendiaires, etc. Aussi la sortie se borna-t-elle à une démonstration impuissante contre les retranchements.

Le 6, le sire d'Escalles et trente soldats exécutaient une reconnaissance vers la Madeleine. Saint-Sévère, La Hire et Poton, Chabannes et Chailly, avec deux cents hommes, coururent sur eux, et les obligèrent à rentrer en toute hâte à Saint-Laurent, en tuant et faisant prisonniers quatorze hommes.

Nous remarquons que chaque fois qu'un petit parti ennemi sort des retranchements, les assiégés en plus grand nombre le poursuivent. Nous devons en tirer cette conclusion que le guet était admirablement fait, puisque les assiégés pouvaient toujours, en un point donné, opposer une troupe d'un effectif supérieur à celui des assiégeants.

Cependant les demandes de secours se succédaient sans relâche. Messire Theaulde de Valpergue avec Jean de Lescot rentraient le 7 à Orléans, de retour d'une mission auprès du roi de France, annonçant qu'ils précédaient de peu une troupe considérable.

En effet, le lendemain 8 février, arrivaient mille hommes, commandés par messire Guillaume Stuart, frère du connétable d'Écosse, alors à Blois auprès du comte de Clermont, le seigneur de Gaucourt et le seigneur de Verdureau ; puis, dans la nuit suivante, deux cents hommes, sous la conduite de Guillaume d'Albret, seigneur d'Orval, et cent vingt sous celle de La Hire.

Ces secours, tout à fait insuffisants, ne répondaient pas à l'attente des assiégés, qui savaient le comte de Clermont à Blois, maître d'une armée de plusieurs milliers d'hommes. Aussi, Jacques de Chabannes, messire Regnault de Fontaine et le Bourg de Bard partirent-ils en nouvelle mission, pour solliciter du comte de Clermont ou un secours plus puissant, ou une attaque directe contre les ouvrages anglais.

Conformément aux usages et aux idées admises, cette troupe marcha sans se garder d'aucune façon, si bien qu'un parti anglais et bourguignon la surprit et fit prisonnier le Bourg de Bard. Les autres purent s'enfuir.

Par une sorte de compensation, une nouvelle troupe de trois cents hommes, commandée par messire Gilbert Motier de La Fayette, maréchal de France, entra le soir dans la ville.

Les Orléanais entretenaient des espions pour se tenir au courant des entreprises ennemies dans un rayon assez éloigné de la ville. Or, le 10 février, ils apprirent qu'un convoi considérable, venant de Paris, devait arriver prochainement au camp de Saint-Laurent. Il se composait de vivres, de munitions de guerre, et pour s'en emparer, il fallait se hâter. On résolut de tenter un coup de main. Mais comme on n'osait dégarnir la place d'un trop grand nombre de défenseurs, et qu'alors on ne se sentait pas assez fort, on se décida à aller solliciter le concours du comte de Clermont.

Celui-ci, à Blois, avait sous ses ordres une armée de quatre mille hommes, dont un parti d'Écossais, commandés par Jean Stuart de Darnley, connétable d'Écosse, qui revenait d'un pèlerinage en terre sainte, et appelait de tous ses vœux le jour où il pourrait se battre contre les Anglais ; puis, quelques seigneurs, parmi lesquels le seigneur de la Tour d'Auvergne et Louis d'Amboise, vicomte de Thouars.

Dunois se chargea de la mission et partit pour s'entendre avec le comte de Clermont sur le terrain choisi pour l'attaque du convoi, le long de la route de Paris, par où il arrivait.

Le lendemain, 11 février, Guillaume d'Albret, messire Guillaume Stuart, le maréchal de Saint-Sévère, le seigneur de Graville, grand maître des arbalétriers, Xaintrailles, Poton, La Hire, le seigneur de Verduran et quinze cents hommes sortirent d'Orléans et s'engagèrent sur la route de Paris, pensant que le comte de Clermont les rejoindrait le soir ou le lendemain.

Celui-ci partit de Blois le même jour, accompagné de deux mille cinq cents hommes, se dirigeant sur Rouvray-Saint-Denis, village situé sur la route de Paris à Orléans, à douze lieues de cette dernière ville. Mais le soir il dut cantonner en route, la distance étant trop considérable pour être franchie en une seule étape.

Quant à la troupe venue d'Orléans, elle cantonna à Rouvray-Saint-Denis le soir même du 11 février et n'en bougea pas le lendemain matin, attendant le comte de Clermont.

Or, dans l'après-midi, des espions prévinrent les Français que le convoi s'avançait en toute sécurité, sans se garder, les voitures venant à la file sur la route et qu'il s'approchait de Rouvray.

Il comptait trois cents chariots et marchait sous le commandement de messire Jehan Falstolf, le bailli d'Évreux, messire Simon Morhier, prévôt de Paris, et avait une escorte de quinze cents hommes, tant Anglais, Picards et Normands, que gens de divers pays à la solde de l'Angleterre.

Dès que les chefs du parti d'Orléans eurent connaissance de cette approche, ils résolurent d'attaquer rapidement et se rangèrent en bataille à l'abri d'un pli de terrain, tout en faisant prévenir aussitôt le comte de Clermont, qui approchait, de hâter sa marche. Celui-ci, mû par un étrange sentiment, sans doute voulant prendre part à la bataille et peut-être surtout n'admettant pas que d'autres que lui eussent l'honneur de la victoire, jaloux de la gloire qu'ils allaient acquérir, envoya messagers sur messagers à La Hire, pour lui ordonner de ne rien entreprendre sans lui, l'informant qu'il arrivait en hâte avec deux ou trois mille hommes, et que réunis on était certain du succès.

La Hire crut devoir obéir à ces ordres répétés et impératifs, et, la rage dans le cœur, il attendit.

Tout à coup, la tête du convoi, qui continuait à marcher sans méfiance, arrive au haut du pli de terrain qui masquait les Français, et les aperçoit rangés en bataille. Les Anglais s'arrêtent, pensant être attaqués, et se croient perdus ; puis, après un moment d'hésitation, voyant avec stupeur que la bataille française ne bougeait pas, ils se hâtèrent de quitter la route et de parquer en un champ sur le bord du chemin.

Ils s'établirent en triangle, le sommet regardant les gens d'Orléans. Une seule issue restait ménagée au sommet, très étroite, de telle sorte que l'on ne pouvait pénétrer dans l'enceinte que par deux de front. En outre, ils l'entourèrent de pieux pointus, fixés horizontalement sur les chariots, formant une sorte de collerette sur tout le pourtour du parc, disposition qui rendait impossible l'attaque par la cavalerie.

Les Français assistaient impuissants à ces préparatifs, et le comte de Clermont, approchant en grande hâte, multipliait ses messages, donnant l'ordre formel de ne pas attaquer et de ne pas descendre de cheval avant son arrivée.

L'occasion de surprendre le convoi en marche était perdue, le temps s'écoulait, lorsque l'avant-garde de l'armée de Blois fut signalée. Elle accourait, commandée par le connétable d'Écosse. Il était trois heures de l'après-midi. Or, devant l'inaction des gens d'Orléans, les Anglais commençaient à sortir de leur parc et les archers couvraient de traits les Français. A ce moment, le connétable d'Écosse arrivait : poussé par une violente colère à la vue du parc formé et des archers ennemis, engageant le combat, il se lança à la tête de ses quatre cents hommes avec tant d'impétuosité, qu'il tua un certain nombre d'ennemis et contraignit les autres à rentrer précipitamment dans leur parc.

Mais ses efforts restaient impuissants contre les chariots armés de pieux. Voulant à tout prix livrer bataille, il mit pied à terre, ainsi que sa troupe, pour tenter de pénétrer de vive force dans l'enceinte.

Voyant cette action, entraînés par l'exemple, les Français, restés immobiles quelques centaines de mètres en arrière, firent de même. L'ordre de la bataille fut dérangé, les Écossais se trouvèrent à pied en avant, isolés des gens d'Orléans mettant pied à terre et de la troupe de Blois qui apparaissait.

Aussi les Anglais se jetèrent-ils en dehors de leur parc par toutes les issues possibles et, se précipitant sur les Écossais, les mirent en fuite.

Cette troupe, lâchant pied, rencontra les Orléanais, qui arrivaient à son secours.

Alors une panique terrible se produisit. Les Orléanais se débandent, s'enfuient de tous côtés au travers des champs, jetant leurs armes, affolés, éperdus ; tandis qu'impassible, le comte de Clermont, à quelque distance de là, ayant rangé son armée en bataille, assistait en spectateur à cette lamentable aventure.

Voyant cette inexplicable inaction, les Anglais sortent presque tous de leur parc et se précipitent à la poursuite des fuyards ; eux aussi, entraînés par l'ardeur de la lutte, se divisent en un trop grand nombre de groupes. On voyait de tous côtés des partis anglais pourchassant les Français, et douze bannières ennemies flottaient sur une immense étendue de terrain.

Devant cette situation, La Hire et Poton eurent un instant l'espoir de reprendre l'offensive ; ils réussirent à rassembler soixante à quatre-vingts fuyards et tentèrent de poursuivre à leur tour les Anglais dispersés ; ils en tuèrent plusieurs et eussent pu certainement ressaisir la victoire, si un plus grand nombre d'hommes se fussent réunis à eux. Mais ils ne purent que retarder la poursuite et permettre aux leurs de se retirer sans perdre trop de monde. Ils durent quitter le champ de bataille.

En même temps qu'eux, le comte de Clermont, resté impas-

sible spectateur du désastre, se mettait en marche et se retirait
sans être inquiété, grâce à son énorme supériorité numérique,
sur la ville d'Orléans.

Dans cette journée, il y eut trois ou quatre cents Français tués,
parmi lesquels de vaillants capitaines, Guillaume d'Albret, seigneur d'Orval, Jean Stuart, connétable d'Écosse, et Guillaume
son frère, le seigneur de Verdureau, le seigneur de Châteaubrun,
messire Louis de Rochechouart et messire Jehan Chabot. Le
comte Dunois échappa à la mort; blessé au pied, dès le début de
l'affaire, il fut emmené par son écuyer loin du champ de bataille.

Pendant toute l'affaire, comme nous l'avons vu, le comte de
Clermont resta immobile. Arrivé sur le théâtre de la lutte, au
moment où les Écossais mettaient pied à terre, il se montra
offensé de ce que l'on n'avait pas suivi ses ordres et surtout de
ce que l'on avait engagé le combat sans lui.

Déjà coupable d'avoir empêché, par une jalousie mesquine et
un sot amour-propre, la surprise du convoi, il le devint plus encore au cours du combat, lorsqu'à plusieurs reprises il eût pu,
en prenant l'offensive, écraser les Anglais.

Il eût dû, en effet, soutenir son avant-garde dès qu'elle mit
pied à terre. Mais en admettant qu'il n'eût pas jugé opportun
de le faire, il reste inexcusable de ne s'être pas porté entre le
parc et les Anglais pour couper la retraite de ces derniers, dispersés dans la campagne à la poursuite des fuyards.

Étrange conduite et honteux sentiments, qui devraient désho-
norer à tout jamais l'homme capable de les ressentir. La jalousie
basse, une rivalité mesquine et vulgaire, un puéril amour-propre,
effaçaient chez le comte de Clermont tout autre sentiment. L'ou-
bli de soi-même constitue la première qualité d'un chef. Chez
lui, l'abnégation ne doit pas être une vertu, elle est *le devoir*,
pour l'accomplissement duquel il ne doit y avoir ni éloges ni
récompenses. Il est le plus impérieux et le plus imprescriptible
de tous. Sans lui, le chef n'existe pas.

Tous les Français rentrèrent dans la nuit à Orléans. La Hire
et Poton, avec leur arrière-garde, maintinrent en respect les Anglais, et surtout protégèrent la retraite contre une sortie possible
des ennemis de leurs ouvrages du siège. Ceux-ci restèrent dans
leur camp, fort heureusement, car le désastre eût été irréparable
en raison de l'extrême lassitude des hommes et des chevaux.

On appela cette funeste journée la bataille des Harengs, parce que les chariots du convoi anglais portaient une quantité considérable de cette denrée. On était en carême et les armées observaient les lois de l'Église concernant le maigre et l'abstinence avec la même sévérité que les non-combattants.

Or, dans l'après-midi de ce même jour, une fille de Lorraine, appelée Jeanne d'Arc, se présentait pour la dernière fois devant le sire de Beaudricourt, et ne pouvant le convaincre ni obtenir de lui qu'il l'envoyât au roi, lui révélait le désastre éprouvé par les Orléanais au moment même où elle parlait.

Cela parut tellement extraordinaire, lorsque, quelques jours après, la nouvelle en parvint au sire, qu'il résolut d'envoyer la Pucelle au roi.

Immédiatement après la bataille, le convoi rompit le parc et se mit en route, mais il n'arriva que le 17 au camp de Saint-Laurent et les assiégés n'osèrent pas l'inquiéter.

La situation faite à Orléans au comte de Clermont était fort pénible. Il avait, dans la bataille du 12 février, joué un rôle peu honorable, et tous les habitants, ainsi que les chefs, lui montrèrent la faible considération qu'ils éprouvaient pour lui. Aussi résolut-il de quitter la ville. Il partit le 18 février, déclarant qu'il allait à Chinon trouver le roi. Avec lui le seigneur de la Tour, l'amiral de Culan, Regnault de Chartres, archevêque de Reims et chancelier de France, Jean de Saint-Michel, chanoine de Bourges et d'Orléans, évêque d'Orléans, La Hire et deux mille hommes quittèrent la ville assiégée.

Les seigneurs partaient pour aller plaider auprès du roi la cause de la défense d'Orléans.

Si l'on ne regretta pas le départ du comte, par contre, on se montra très ému de celui des deux mille hommes de troupe. La garnison se trouvait singulièrement réduite. Afin de calmer l'irritation, le comte promit d'intercéder auprès du roi, pour qu'il envoyât des secours en vivres, en munitions et en hommes.

Il eût été plus simple de rester dans la ville. Orléans ne conservait que Dunois, le maréchal de Saint-Sévère, Xaintrailles et Poton avec environ deux mille hommes, soldats de métier.

La situation était critique.

On savait le découragement des provinces fidèles au roi, l'apathie et le manque absolu de confiance de la cour et du monarque, enfin le dernier coup fut porté au faible espoir que l'on pouvait conserver par le désastre du 12 février.

Alors les capitaines restés à Orléans réunirent les chefs de la milice bourgeoise et les procureurs de la ville et, loin de relever leur confiance ou d'exciter leur courage, ils leur montrèrent les difficultés insurmontables qui se présenteraient pour qu'ils pussent recevoir du secours : les persuadèrent de l'impossibilité dans laquelle se trouvait la place de tenir longtemps encore ; enfin demandèrent leur avis sur la conduite à tenir, en émettant leur opinion sur la nécessité de la reddition de la ville.

Les bourgeois montrèrent que la grandeur de leur courage s'élevait à la hauteur du péril. D'une voix unanime, ils répondirent qu'ils étaient prêts à mourir jusqu'au dernier, mais que jamais ils ne se rendraient aux Anglais.

Cependant, comprenant la nécessité de mettre fin à un siège qui ne pouvait que se terminer bientôt par la prise de la ville, suivie des horreurs du pillage et des représailles ennemies, et amenant la perte du duché et la ruine de la France, les bourgeois décidèrent d'envoyer une députation au duc de Bourgogne, Philippe, pour lui offrir de lui rendre la cité et de se mettre entre ses mains, avec la charge de conserver le duché et la ville au duc d'Orléans, alors prisonnier en Angleterre depuis la bataille d'Azincourt.

Ils faisaient acte de bonne politique en agissant ainsi ; le duc de Bourgogne, devenu le protecteur d'une des plus belles provinces de France, ne pouvait manquer de se sentir très flatté. De plus, comme il avait des troupes mêlées aux troupes anglaises, en qualité d'allié, la proposition de paix et d'abandon du siège, venant de sa part, avait des chances d'aboutir ; dans tous les cas, le refus des Anglais causerait sans doute la séparation des alliés.

Xaintrailles et Poton, avec quelques notables bourgeois, se chargèrent de l'ambassade. Ils partirent le soir de ce même jour, 13 février.

Tout à coup, le 20 février, on apprit par des marchands qu'une jeune fille, se disant envoyée de Dieu pour faire le siège d'Orléans, venue des marches de Lorraine, avait passé la Loire à Gien et se rendait à Chinon près du roi.

Cette nouvelle, qui semblait incroyable, se répandit dans la ville avec la plus extrême rapidité. Une vive émotion s'empara de tous les défenseurs, on faisait des récits prodigieux, l'opinion était surexcitée au plus haut point. Si bien que, pour se renseigner exactement, Dunois dut envoyer à Chinon le seigneur de Villars et Jamet du Tilloy.

Enfin, pour en imposer aux assiégeants et leur montrer que les défenseurs restaient en force, on exécuta une sortie contre le camp de Saint-Laurent.

Mais les Anglais se présentèrent en masse et repoussèrent les assaillants jusqu'à la porte Bernier, sans pouvoir aller plus loin, tenus en respect par le feu de la place.

Le siège devenait de jour en jour plus dur. Cependant des procédés courtois étaient échangés. Le 22 février, le comte de Suffolk et les seigneurs de Talbot et d'Escales expédièrent à Dunois par un héraut un plat de dattes, de figues et de raisins, en demandant de la panne noire pour fourrer une robe. Dunois s'empressa de l'envoyer par le même héraut.

Le 25, un convoi de vingt-cinq chevaux, chargés de vivres, entra dans la place.

La Loire eut, le 27, une crue très forte et monta si rapidement et si haut, que les eaux affleuraient la crête des parapets formant les boulevards de Saint-Pryvé et de l'île Charlemagne, et même des Tourelles. Le courant devenait très rapide. Les Orléanais se persuadèrent qu'il emporterait les ouvrages. Mais durant toute la journée et toute la nuit, les Anglais y travaillèrent sans relâche, apportant des terres et du bois, de sorte que le fleuve baissa le lendemain, sans avoir causé de dommages sérieux. Malgré la crainte de l'inondation et de la destruction, le feu ne se ralentit pas contre la ville, les assiégés répondirent vaillamment et les bombardes en batterie devant la poterne Chesneau, qui tiraient sur le fort des Tourelles, firent tomber ce jour-là un grand pan de mur.

Cependant l'investissement de la ville demeurait insuffisant. Tous les convois venant de Blois, faisant un détour pour éviter la bastille Saint-Laurent, passaient au nord et entraient sans encombre par la porte Parisie et la porte Bourgogne. De plus, les Anglais éprouvaient de grandes difficultés à sortir sans être vus de leur camp de Saint-Laurent pour s'opposer aux départs ou aux arrivées des Français. Le guet du beffroi signalait tous leurs mouvements, et les assiégés faisaient des sorties pour protéger leurs convois.

Les ennemis construisirent alors un fossé large et profond, partant du boulevard de la Croix-Boisée et allant à Saint-Ladre (maladrerie fondée au xiie siècle), sur la route de Paris.

Ils poussèrent les travaux avec la plus grande vigueur. Mais les assiégés, prévenus par le guet, sortirent le 3 mars de grand matin, se précipitèrent sur les travailleurs et en tuèrent ou firent prisonniers un certain nombre.

Parmi les morts, se trouvait le seigneur de Gray, neveu de feu le comte de Salisbury.

En même temps, on exécutait une attaque fort vive contre le boulevard de la Croix-Boisée, qui réussit. Les assiégés pénétrèrent dans l'ouvrage, s'emparèrent d'une pièce de canon et d'une certaine quantité de butin. Les Anglais, accourus de Saint-Laurent en grand nombre, reprirent le boulevard et les Français durent se retirer, poursuivis jusqu'à la porte Bernier. Ils emportaient tout le butin conquis, deux tasses d'argent, une robe fourrée de martre et des armes.

Tous les jours, des sorties se produisaient ou des convois entraient.

Le 4 mars, fausse alerte. La cloche du beffroi sonna l'alarme, car trois cents soldats anglais gagnaient les vignes entre Saint-Ladre et Saint-Vincent. Ils faisaient cette expédition pour rapporter du bois, et prirent quelques paysans.

Le même jour, neuf chevaux, chargés de vivres, entrent dans la ville. Le 6 mars, sept chevaux arrivent; le 7, un nouveau convoi de six chevaux pénètre en ville, tandis que les ennemis reçoivent un détachement de quarante hommes. Le 8, les assiégés surprennent un convoi destiné aux Anglais et le font entrer dans la ville en même temps que six marchands, leur amenant neuf chevaux.

Mais ce même jour, sur les instances répétées des assiégeants, qui ne pouvaient, en raison de leur faible effectif, exécuter le blocus complet de la ville, un secours considérable arrivait au camp de Saint-Laurent. Deux mille hommes venaient de Jargeau, ainsi que plusieurs autres détachements provenant de diverses places de la Beauce.

Un fait singulier se produisit ces jours-là dans la ville d'Orléans. Près de la porte Parisie, attenant à la cathédrale et appuyé contre le mur d'enceinte, s'élevait l'hôtel-Dieu, appelé l'Aumônerie générale. On découvrit, le 9 mars, que, dans le mur d'enceinte, un trou avait été pratiqué, correspondant à une salle basse de l'Aumône, et d'assez grande dimension pour laisser passer un homme armé. On cria à la trahison, le bruit s'en répandit rapidement dans la ville, les esprits surexcités demandaient justice, et, ce qui confirma l'opinion générale, ce fut que le directeur de l'Aumônerie générale s'enfuit dès que la nouvelle eut commencé à se répandre. On ne retrouva pas le fugitif, et l'affaire ne fut jamais tirée au clair.

Orléans ne devait succomber ni sous les coups des Anglais ni par la trahison de Français félons.

Les assiégeants, considérablement renforcés, résolurent de reprendre les travaux d'investissement.

Depuis le début du siège, ils voyaient leur impuissance à empêcher les secours de traverser la Loire au port de Saint-Loup. Or, juste en face de ce port, sur la rive droite du fleuve, s'élevaient un couvent et une église, dits de Saint-Loup, détruits en partie par les Orléanais au mois de novembre.

La position paraissait excellente, dominant le fleuve, commandant la route de Bourgogne et toute la contrée à l'est de la ville. Elle interdisait la descente de la Loire, et les bombardes portaient jusqu'aux abords immédiats du port, sinon au port lui-même.

Aussi, le 10 mars, une forte troupe ennemie partit de Saint-Laurent, emportant des outils, des vivres et des armes et vint occuper le couvent de Saint-Loup. Les Anglais se mirent rapidement à l'ouvrage, relevèrent de leur mieux le monastère et l'église, dont ils firent une bastille très forte, sorte de réduit central, et l'entourèrent d'un parapet défendu par un fossé, sur le modèle des boulevards déjà construits.

Dorénavant le passage du port de Saint-Loup devenait difficile.

Sans interrompre les travaux, ils repoussaient journellement les sorties faites par les assiégés et exécutaient eux-mêmes des attaques.

Le 11, la cloche du beffroi sonna l'alarme, parce qu'une troupe ennemie sortie de Saint-Loup s'approchait de la ville. Elle vint jusqu'à Saint-Euverte, où ils firent prisonniers des vignerons, dans le but sans doute d'avoir des renseignements sur l'état des esprits des assiégés et sur les ressources qui se trouvaient en vivres et en munitions.

Le 12, une sortie des assiégés fait quatre prisonniers.

Le 15, un convoi de six chevaux chargés de poudre entre dans la ville. Le même jour des Anglais, habillés en femmes, au nombre de trente, sortirent de Saint-Loup et se mêlèrent à des femmes qui apportaient du bois à Orléans. Ils pensaient sans doute pénétrer dans la ville sous ce déguisement. Mais près de Saint-Marc, rencontrant des vignerons dans les champs, ils ne purent résister au désir de faire des prisonniers. Ils en prirent une dizaine et manquèrent leur entreprise première.

Le 16, le maréchal de Saint-Sévère, ayant un héritage à recueillir, quitta la ville. Il devait aussi presser le roi d'envoyer des renforts, relever les courages abattus et revenir le plus tôt possible dans la place, qu'il avait jusque-là si vaillamment défendue.

En même temps, les Anglais recevaient par la Loire, venant de Jargeau, un convoi assez considérable. Ils le débarquèrent en amont de Saint-Loup et, le chargeant sur des voitures, ils le firent passer par Saint-Marc, Saint-Vincent, la Croix de Fleury et Saint-Ladre, pour le conduire à Saint-Laurent, leur camp principal.

Durant tout le reste du siège, ils procédèrent toujours de cette façon, ce qui fait supposer que les assiégés ne bouleversèrent pas dans leur sortie du 3 mars le fossé construit du boulevard de la Croix-Boisée à Saint-Ladre, et même que les ennemis le continuèrent et le perfectionnèrent, pour former un chemin couvert abritant les convois. On doit admettre qu'ils fortifièrent Saint-Ladre, qui servit de point d'appui à ce fossé. Mais ce ne sont là que des conjectures, car il ne nous est rien resté de positif à ce sujet.

Quoi qu'il en soit, ce jour-là le convoi arriva parfaitement défilé aux vues, jusqu'à Saint-Ladre. Jusque-là les conducteurs et l'escorte, pour ne pas éveiller l'attention du guet, gardèrent le plus profond silence, mais arrivés à Saint-Ladre, ils jetèrent un grand cri.

Ce fait tendrait bien à prouver qu'ils se sentaient en sûreté à partir de Saint-Ladre, par conséquent que l'église et la ladrerie étaient fortifiées et que de là jusqu'à Saint-Laurent ils marcheraient à couvert. En effet, il est impossible de supposer qu'ils n'aient jeté ce cri que pour se délasser d'un long silence, ce qui eût été un enfantillage, au lieu qu'il dut être une bravade ironique à l'adresse des assiégés.

Ce cri fut entendu, et les Orléanais, croyant à une attaque, coururent aux armes, appelés par la cloche du beffroi. Fausse alarme.

L'investissement se continuait, s'étendait, resserrant la ville dans un cercle plus étroit. Le 20 mars, les assiégeants construisirent un nouveau boulevard, appelé la Grange-Cuivret ou des Douze-Pierres, du nom de l'enclos qui se trouvait près de là. Les Anglais l'appelèrent Londres.

Cet ouvrage occupait la pente du faubourg Saint-Jean qui descend à l'ouest-nord-ouest, tout près de la promenade actuelle, en face des rues d'Illiers et Porte Saint-Jean.

Les assiégés mirent tout en œuvre pour empêcher les travaux. Le 21, la cloche du beffroi sonna l'alarme. Ils tentèrent une vigoureuse sortie contre les travailleurs, lesquels, en trop petit nombre, prirent la fuite et se retirèrent à Saint-Laurent, où ils donnèrent l'alerte. Une troupe assez forte en sortit alors, courut sus aux Français, poussant de grands cris. La résistance dura peu et les ennemis poursuivirent les assiégés jusqu'à Saint-Pouaire (Saint-Paterne actuel), où un combat assez vif eut lieu.

Mais les assiégés ne renonçaient pas à leur entreprise, et, le lendemain, ils tentèrent une nouvelle sortie, arrêtée près de Saint-Pouaire et repoussée par les assiégeants, qui se tenaient sur leurs gardes.

Le 22 mars, dans la soirée, rentraient à Orléans les seigneurs envoyés par Dunois auprès du roi à Chinon pour savoir le bien fondé des bruits qui couraient dans la ville, du passage à Gien d'une fille envoyée de Dieu pour délivrer la place.

Ils arrivaient pleins d'espérance, et devant le peuple assemblé sur les places, dans les rues, racontaient d'enivrantes choses.

Jeanne la Pucelle, humble bergère de Lorraine, envoyée par Dieu, était arrivée à Chinon, avait vu le roi, gagnait à sa cause le monarque, la cour et l'armée, confondait les docteurs, enfin, victorieuse de toutes les épreuves, recevait des mains du roi le commandement d'une armée.

On lui donnait un équipage de guerre, et l'armée se réunissait à Blois, où elle venait d'arriver depuis quelques jours.

Le seigneur de Villars et Jamet du Tilloy enflammaient, par leurs récits merveilleux, les âmes des assiégés, exaltaient les courages, et tous les cœurs se prirent à battre d'espérance.

En effet, le 22 mars, Jeanne la Pucelle envoyait de Blois, aux Anglais devant Orléans, un héraut, porteur de la lettre suivante, qu'elle avait dictée et signée d'une croix, ne sachant pas écrire :

« *Jhesus Maria.*

« Roy d'Angleterre, et vous, duc de Belhford, qui vous dictes regent du royaume de France, vous Guillaume de la Poule, vous de Suffort, Jean sire de Talbot et vous Thomas, seigneur d'Escalles, qui vous dictes lieutenant dudict Bethford, faites raison au roy du ciel, rendez à la Pucelle, qui est envoyée de par Dieu le roy du ciel, les clefs de toutes les villes, que vous avez prises et volées en France. Elle est venue ici de par Dieu, pour reclamer le sang royal. Elle est toute preste à faire paix, si vous lui voulez faire raison, par ainsi que vous voulez vuider de France et qu'amendez les dommages que vous y avez faicts, et rendez les deniers que vous avez receus de tout temps que l'avez tenu et entre vous, archers, compagnons de guerre, gentilshommes et autres qui êtes devant la ville d'Orleans, allez-vous-en de par Dieu en votre pays, et si ainsi ne le faictes, attendez les nouvelles de la Pucelle, qui vous ira voir bresvement à vos bien grands dommages.

« Roy d'Angleterre, si ainsi ne faictes, je suis chef de la guerre et vous asseure qu'en quelque lieu je trouveray vos gens en France, je les combattray et les chasseray et feray aller hors, veullent ou non, et si ne veullent obeïr je les feray tous occir. Je suis ici envoyée de par Dieu, le roy du ciel, pour les combattre et les mettre hors de toute la France, et s'ils veullent obeir, je les prendray à mercy et n'ayez point dans votre opinion d'y demeurer plus. Car vous ne tiendrez point le royaume de France de Dieu, le roy du ciel, fils de la vierge Marie. Ainsi le tiendra Charles, le vrai heritier ; car Dieu, le roy du ciel, le veut et lui est revelé par la Pucelle que bien brief il entrera à Paris en bonne et belle compagnie ; et si vous ne voullez pas croire les nouvelles de par Dieu et par la Pucelle, je vous advise que dans quelque lieu nous vous trouverons, nous vous fierons et frapperons dedans et y feront un si grand hay, hay, que depuis mille ans en France n'y en eut un si grand, et croyez fermement que le roy du ciel envoyera tant de forces à la Pucelle que vous, ni vos gens d'armes ne lui sauriez nuire, ni aux gens de sa compagnie, et aux horions verra l'on qui aura le meilleur droit. Et vous duc de Bethford, qui tenez le siege devant Orleans, la Pucelle vous prie que vous ne faciez point detruire. Et se vous lui faites la raison, encore pourrez-vous venir veoir que les Français feront le plus beau fait pour la chretienté, et vous prie me faire response, si vous voulez faire paix en la cité d'Orleans, où nous espérons être bien brief, et si ainsi ne faictes de vos gros dommages vous survienne.

« Escrit le mardi de la semaine sainte, le 22 mars 1429. »

Les Anglais connaissaient toute l'histoire de la Pucelle et s'en moquaient, estimant qu'une fille des champs ne pourrait jamais leur faire grand mal, alors qu'ils battaient et tenaient sous leur puissance tous les vaillants et habiles capitaines du royaume de France. Mais à la lecture de cette lettre, ils éclatèrent en imprécations et en injures et couvrirent Jeanne des plus grossiers outrages.

La joie causée dans la ville par les nouvelles de ce qui se passait à Blois fut assombrie, le 24 mars, par l'annonce de la présence de traîtres, qui devaient livrer les portes aux ennemis. On doubla les gardes, les soldats restèrent jour et nuit sur les remparts, ne quittant plus leurs armes, faisant le guet. L'inquiétude et l'angoisse régnaient dans la cité, résolue à défendre sa liberté jusqu'aux dernières limites, et prête à tous les sacrifices pour se garder au roi de France.

On n'eut heureusement aucune tentative de trahison à déplorer, peut-être grâce aux précautions prises.

Pâques approchait, le 27 mars. Pour célébrer la fête, les deux partis consentirent à une trêve, qui dura toute la journée et fut fidèlement observée ; les hostilités recommencèrent le lendemain, jour où un convoi de vivres entra dans la ville.

Les assiégés poursuivaient leur dessein de bouleverser les travaux de l'ennemi. Le 1er avril, ils dirigèrent une attaque violente contre le boulevard de la Grange-Cuivret. Les troupes restèrent assez longtemps en présence, et des deux côtés on compta un important effectif de morts ou de blessés.

Le 2, nouvelle entrée d'un convoi, et nouvelle attaque du boulevard de la Grange-Cuivret. Pendant la lutte, quatre cents Anglais sortirent du camp de Saint-Laurent, pour venir en aide aux défenseurs de l'ouvrage, et un combat très violent s'engagea entre le boulevard et la porte Bernier. Des deux côtés beaucoup d'hommes tombèrent.

Le 3, les Orléanais s'emparèrent à Saint-Loup d'un chaland, venant de Jargeau en descendant la Loire, et portant neuf tonneaux de vin, un pourceau et de la venaison, vivres destinés à la bastille de Saint-Laurent.

Un défi s'échangea ce même jour entre les pages des deux nations, qui se livrèrent un combat fort intéressant. Descendus dans l'île, entre le pont et Saint-Laurent, ils se jetaient des pierres avec des frondes à la main. Les Français, conduits par un gentilhomme du Dauphiné, nommé Aymard de Puiseux, firent reculer les Anglais.

Le lendemain, devant une foule innombrable, on recommença. Mais, cette fois, ce furent les Anglais qui eurent l'avantage ; ils prirent même un étendard aux Français.

Nous avons vu que les assiégeants avaient construit la bastille de Saint-Loup, pour interdire le passage de la Loire ; ils n'y réussissaient pas toujours. De fréquentes tentatives étaient faites. Le 5 avril, un convoi de cent pourceaux et de six bœufs gras s'embarqua au port de Saint-Loup et, au lieu de débarquer en face, dans l'île aux Bœufs, il suivit le courant, longeant l'île, et vint devant Saint-Aignan. Les Anglais des Tourelles s'en aperçurent, mais trop tard, ils ne purent rien empêcher.

Les convois, du reste, se succèdent. Le même jour il en arriva un de Châteaudun. Le 7, les assiégeants en reçoivent un autre. Le 8 et le 9, des secours arrivent dans la ville.

Cette fréquence dans les entrées à Orléans des convois de secours inquiétait fort les Anglais, qui ne pouvaient, malgré leurs multiples patrouilles, surveiller d'une façon constante le périmètre de la place, en raison de la faiblesse de leur effectif. Aussi, le 9, commencèrent-ils la construction d'un nouveau boulevard, nommé le Pressoir Ars, du nom d'un pressoir brûlé qui se trouvait dans le voisinage. Ils l'appelèrent Rouen. Il se trouvait à mi-chemin entre Saint-Paterne et le faubourg Saint-Jean actuel.

Pour arrêter les travaux, les assiégés tentèrent une sortie, mais un orage affreux éclata, dura toute la journée, rendant leurs efforts inutiles, et les contraignit à rentrer.

La ligne d'investissement se resserrait, les assiégés commençaient à douter de l'arrivée des secours promis et de l'envoi de la Pucelle Jeanne ; ils conservaient pourtant un peu d'espoir et chaque jour trompaient leur attente par des sorties ou des coups de main.

Le 12, quelques bourgeois résolus essayèrent une reconnaissance sur Saint-Marc. Vingt ennemis, réfugiés dans l'église, furent pris et emmenés dans la ville, les Français ne perdirent que quelques hommes.

Le 13, un fort convoi d'argent arriva très à propos et permit de payer un arriéré de solde considérable aux soldats de la garnison.

Ces dernières arrivées exaspérèrent les assiégeants. La construction du Pressoir Ars venait de se terminer. Le 15, ils sortirent du camp de Saint-Laurent en grand nombre et vinrent commencer un nouvel ouvrage entre Saint-Pouaire (Saint-Paterne) et la Ladrerie. Ce fut l'ouvrage le plus fort qu'ils aient encore édifié. Il diminuait considérablement l'espace libre sur le périmètre du siège, car Saint-Vincent et Saint-Marc seuls restaient dégagés. Encore il faut noter que la forêt s'étendait de ce côté jusqu'au faubourg de la ville, très près des murs ; de sorte que les quatre kilomètres compris entre la bastille Saint-Loup et la bastille Paris offraient toutes facilités aux embuscades. Les Anglais ne manquèrent pas d'en dresser, et parcouraient fréquemment ce terrain dans l'espoir d'arrêter les convois.

Cette bastille se trouvait un peu au nord de la rue de Patay actuelle : son axe coïncidait avec celui de la rue Faubourg Bannier de nos jours ; les Anglais la nommèrent Paris, et ne la terminèrent entièrement et ne l'armèrent que le 20.

Une garnison très forte l'occupa.

Pourtant un convoi de bétail arriva encore le 16, venant de Blois, fit un grand détour, passant au nord et arrivant par Fleury. Ce détour considérable augmentait fort les chances de surprise.

Les Anglais, prévenus de cette arrivée, tentèrent de s'emparer des voitures, mais le guet du beffroi, ayant reconnu leur mouvement, sonna l'alarme, et les assiégés exécutèrent une sortie vigoureuse, qui leur permit de faire entrer le convoi.

En même temps une cinquantaine d'hommes d'armes français, venus par la Sologne, tentaient un coup de main contre les Tourelles. Ils firent quinze prisonniers.

On le voit, les difficultés de ravitaillement allaient sans cesse en grandissant. Pour que les secours ne fussent pas enlevés, il fallait les protéger par des sorties nombreuses, où le sang coulait, où les forces s'usaient.

Sur ces entrefaites, le dimanche 17, Xaintrailles, Poton et sa suite revenaient de leur ambassade près du duc de Bourgogne.

Celui-ci avait écouté les propositions des Orléanais avec une extrême satisfaction. Il pouvait, en acceptant, jouer le rôle de médiateur et d'arbitre, sauver le royaume de France, tout en restant l'allié de l'Angleterre, et peut-être même espérait-il qu'une certaine portion du duché d'Orléans lui serait octroyée.

Aussi s'était-il rendu de sa personne, accompagné de Jean de Luxembourg, à Paris, auprès du duc de Bedford, pour lui faire agréer cette demande des Orléanais.

Mais le duc de Bedford, pensant que la prise de la ville ne dépendait plus que d'un événement fortuit et n'était qu'une question de jours, la tenait pour assurée. En outre, il estimait avoir fait beaucoup déjà pour le duc de Bourgogne en lui abandonnant précédemment les Pays-Bas.

Il le reçut avec une grande hauteur et refusa d'entrer en négociation avec lui sur pareille affaire, disant « ne pas se soucier de battre les buissons pour qu'un autre prît les oiseaux. »

Cette attitude et ce propos froissèrent vivement le duc de Bourgogne, qui décida de retirer ses troupes du siège d'Orléans. Sous la conduite de Poton, il envoya un trompette, héraut à ses gages, chargé de notifier à tous ses sujets picards et bourguignons qu'ils aient à quitter le camp anglais sur l'heure et à rejoindre le duc de Bourgogne.

Dès son arrivée, le héraut se rendit au camp anglais, où il lut à haute voix ces ordres.

Tous les sujets du duc de Bourgogne obéirent sur-le-champ et quittèrent le camp. Ce départ causa un notable préjudice aux Anglais, et les assiégés, espérant en avoir plus facilement raison, firent une sortie le 18 avril, à quatre heures du matin.

La bataille fut chaude. De part et d'autre, on compta de nombreux tués et blessés ; mais les assiégés rentrèrent dans leurs murs sans avoir retiré aucun avantage, les Anglais ayant conservé toutes leurs positions.

Le 19, ils reçurent un convoi ; le 20, le guet avertit qu'un parti ennemi, battant la campagne entre le boulevard Paris et Saint-Loup, se trouvait vers Fleury-aux-Choux. Un capitaine nommé Amade, avec seize hommes d'armes à cheval, courut vers ce village, où les Anglais avaient établi une embuscade dans une maison pour arrêter les convois à l'adresse des assiégés.

Ils marchèrent avec tant de rapidité, qu'ils surprirent l'ennemi, firent six prisonniers et saisirent les armes et les chevaux de tout le parti.

Cet épisode a fait croire à quelques écrivains qu'un ouvrage anglais existait à Fleury-aux-Choux. Le fait ne semble pas probable, car il n'eût été d'aucune utilité pour l'investissement, et l'effectif de l'armée assiégeante ne permettait pas de gaspiller les forces.

En outre, si un ouvrage permanent eût existé, les convois, prévenus, eussent passé plus au nord pour se rabattre sur Saint-Vincent ou Saint-Marc et la porte Bourgogne.

L'hypothèse faite par quelques auteurs de la construction d'un boulevard au nord-est de Fleury, dont il resterait des vestiges importants au lieu dit « les Fossés, » est inadmissible. L'ouvrage eût été en l'air, trop loin pour la portée des pièces en usage à cette époque et de nulle ressource pour la ligne d'investissement.

Cet ouvrage des Fossés a une origine inconnue.

Les Anglais se hâtaient. Il leur tardait de terminer ce siege, qui durait depuis six mois et demi, et ils mettaient tout en œuvre pour réduire la ville à capituler par la famine. Voyant que le passage de la Loire s'exécutait encore, ils fortifièrent Saint-Jean-le-Blanc en entourant l'église d'un boulevard, dans lequel ils placèrent une garnison.

L'embarquement au port de Saint-Loup devenait impossible. Il ne restait plus à la ville, pour communiquer avec l'extérieur et en recevoir des secours, que l'espace compris entre la bastille Saint-Loup et le boulevard Paris.

Cependant, le 21, trois chevaux chargés de poudre réussissent à entrer, grâce à un feu très violent ouvert par la place sur tous les ouvrages anglais à la fois, qui obligea l'ennemi à rester derrière ses palissades. Le 23, quatre chevaux chargés de poudre et de vivres entrent encore, et, le 24, le Bourg de Mascaron arrive avec quarante hommes.

Puis, le 25, Alain Giron, capitaine breton, entre avec cent hommes.

Le 27, les assiégés, avertis par le guet qu'un important convoi vient pour eux, exécutent une sortie avec des forces considérables, poussent jusqu'à la Croix-Fleury, mais apprennent là que le convoi avait été enlevé.

La chose était grave, elle montrait quelles difficultés on éprouvait à se ravitailler désormais, si même cela restait possible, car les Anglais allaient certainement construire un ou deux nouveaux ouvrages interdisant l'accès de la ville, en fermant le cercle complètement autour des murailles.

Cependant, le soir du 27, soixante hommes conduisant un troupeau de pourceaux réussissent à entrer. Ce fut le dernier convoi. Le capitaine Florent d'Illiers arrivait avec quatre cents combattants, venant de Châteaudun, qu'il avait héroïquement défendu.

Les ennemis essayèrent de lui barrer la route, mais une sortie des assiégés, prenant les Anglais entre deux feux, les obligea de céder la place, après un combat violent ; les assiégés rentrèrent à Orléans avec le capitaine d'Illiers.

L'heure était grave. Les forces des assiégés s'épuisaient. La famine commençait à se faire sentir, malgré les derniers convois, insuffisants pour nourrir une population de plus de trente mille âmes, dont dix mille subissaient des fatigues écrasantes.

Quoique les Orléanais supportassent avec une grandeur d'âme héroïque et un courage invincible les privations de toutes sortes et les souffrances occasionnées par un si long siège, on prévoyait cependant le jour proche où la ville affamée ne pourrait plus résister et se rendrait à merci. Un peu d'espérance en la vierge de Lorraine, que l'on savait à Blois, restait aux cœurs des habitants, mais un mois s'était écoulé depuis les nouvelles de son arrivée à la tête de l'armée. Elle ne venait pas, le temps marchait ; le découragement commençait à tomber ; l'heure fatale approchait, lorsque soudain apparut Jeanne la Pucelle.

VII. — Jeanne d'Arc du 29 avril au 5 mai 1429

Le vendredi 29 avril, arrivèrent à Orléans des nouvelles certaines de la venue par la Sologne d'un fort convoi de vivres, d'armes et de munitions, envoyé de Blois et escorté d'une troupe considérable sous les ordres de la Pucelle Jeanne.

L'allégresse fut immense dans la ville, l'enthousiasme à son comble. On appelait cette fille inconnue l'envoyée du ciel, la libératrice de la ville, son éloge était dans toutes les bouches.

Les capitaines donnèrent des ordres exprès pour que l'on se tînt prêt à faire une sortie, afin de faciliter l'entrée du convoi dans la ville au moment opportun, si les Anglais tentaient de s'y opposer.

En même temps que ces préparatifs se faisaient, une troupe de cinquante combattants, venant du Gâtinais, pénétrait dans Orléans.

Jeanne était partie de Vaucouleurs accompagnée de ses deux plus jeunes frères, Jean et Pierre, d'un archer nommé Richard, de Jean de Metz avec Julien son domestique, et de Collet de Vienne, envoyé du roi, pour aller trouver la cour à Chinon.

C'était un voyage de cent cinquante lieues.

La petite troupe l'exécuta en onze jours. Elle passa près de Joinville et d'Auxerre, traversa la Loire à Gien et arriva le 24 février à Chinon.

Après de nombreuses épreuves elle obtint du roi une armée pour faire lever le siège d'Orléans.

Charles VII, ayant pris cette résolution dans son conseil, envoya Jeanne à Tours, en attendant que la troupe, que l'on rassemblerait à Blois, fût prête.

Il lui fit faire une armure complète, et lui donna un train de maison semblable à ceux des généraux d'armée. Il se composait d'un écuyer, Jean d'Aulon, gentilhomme de Comminges, depuis sénéchal de Beaucaire, de deux pages ; l'un se nommait Louis Contes ou de Coutes, dit Immerguet, l'autre Raymond, d'un aumônier, Jean Pasquerel, religieux augustin de la maison de Tours, de deux hérauts d'armes, Guyenne et Ambleville, d'un maître d'hôtel et de deux valets.

Sur les indications de la Pucelle, on envoya chercher une épée, enfouie derrière le maître-autel de l'église de Sainte-Catherine de Fierbois, à quelques lieues de Chinon, puis Jeanne fit fabriquer un étendard. Il consistait, comme tous ceux des généraux d'armée du xve siècle, en une longue pièce d'étoffe, coupée en triangle et clouée par la base au bois d'une lance, en toile de lin à fond blanc parsemé de fleurs de lis. Sa description a été faite maintes fois.

Jeanne vint à Blois le 10 mars.

Elle trouva dans cette ville les maréchaux de Saint-Sévère et de Rays, l'amiral de Culan et apprit d'eux tout ce qui concernait Orléans, la description de la ville et de ses défenses, la topographie du pays environnant, les forces et les positions des Anglais, la situation respective des deux partis.

Dès qu'elle eut tous les renseignements détaillés et complets, elle forma son plan et résolut d'attaquer les Anglais par la Beauce. Mais auparavant, elle tenta d'obtenir la paix sans effusion de sang et leur envoya la lettre que nous avons citée plus haut.

Le 27 avril l'armée quitta Blois.

On a coutume de dire et la plupart des historiens racontent que la Pucelle fut trompée par les généraux et qu'on lui fit prendre la route de la Sologne au lieu de celle de la Beauce, qu'elle avait résolu de suivre. C'est un enfantillage.

Comment peut-on admettre que Jeanne, en relations constantes, à Blois, avec les maréchaux et les capitaines de l'armée, se renseignant minutieusement sur la position d'Orléans, ait ignoré que la Beauce et la ville se trouvaient sur la rive droite ? Faut-il croire que Jeanne agissait à la légère sans demander aucun renseignement ? On sait positivement le contraire. Elle connaissait les moindres détails. Enfin, si elle avait agi d'après le conseil *de ses voix*, elle n'eût pas été induite en erreur, car pendant les treize mois que dura sa carrière militaire, elles ne la trompèrent jamais.

Pour prendre le chemin de la Sologne, Jeanne dut traverser la Loire, elle s'en était forcément aperçue. Elle savait donc très bien que l'on passait par la Sologne et non par la Beauce.

Il est probable qu'elle céda aux exigences des généraux, qui durent se montrer intraitables, comme nous le verrons dans la suite, n'écoutant pas ses avis, prenant la contre-partie de ce qu'elle disait, et souvent, chose plus grave, s'opposant absolument à ses décisions.

Cette manière d'agir provenait de bien des causes. Les généraux se trouvaient humiliés d'obéir à une pauvre fille des champs ignorante, devenue tout d'un coup, sans préparation, sans preuves de valeur, chef d'armée. Ils la jalousaient et la subissaient avec peine, n'admettant pas qu'elle pût avoir des avis à donner, des ordres à faire exécuter. Enfin, depuis si longtemps battus dans toutes les rencontres, les capitaines croyaient devoir agir avec prudence, et toute résolution énergique leur semblait devoir être funeste.

Or le parti de la Pucelle était le meilleur. Elle commandait une armée de six mille hommes. Passant par la Beauce, elle eût toujours disposé de forces très supérieures à celles que les Anglais eussent pu lui opposer en un point déterminé, car ils ne pouvaient dégarnir entièrement leurs ouvrages, de peur que les assiégés, profitant de l'occasion, ne vinssent à s'en emparer.

Les Anglais n'avaient autour d'Orléans que huit mille hommes, répartis entre onze ouvrages; il eût été facile à la Pucelle de passer sans coup férir.

Donc, le 27, elle passa la Loire à Blois, avec six mille hommes, escortant un convoi considérable de vivres et de munitions, et prit la route de la rive gauche, passant par Saint-Dié, Saint-Laurent, Lailly, Cléry et Olivet.

On campa la nuit du 27 au 28. Jeanne voulut rester tout armée ; aussi ne reposa-t-elle pas, et le matin elle se leva affreusement courbaturée.

Le 28 on partit, et l'on campa près d'Olivet la nuit du 28 au 29. On ne pouvait marcher que très lentement, la colonne étant embarrassée d'un lourd convoi.

Le matin du 29, l'armée se remit en marche et passa près de l'église d'Olivet. Elle suivit la rive gauche du Loiret jusqu'aux sources, où elle tourna vers le nord, se dirigeant vers la Loire. On appelait cette contrée la plaine de Cornay, du nom d'un château qui fut démoli au commencement du xixe siècle.

Cependant l'arrivée de la Pucelle et la marche de l'armée étaient signalées par les guetteurs du beffroi à la ville assiégée. La nouvelle se répandit dans tous les quartiers comme une traînée de poudre et produisit dans les esprits une incroyable effervescence.

Aussitôt Dunois, accompagné de quelques chevaliers, veut aller à sa rencontre : il se jette dans une barque et traverse la Loire. Ayant abordé sans encombre sur la rive gauche, il hâte sa marche au-devant de l'armée, qui contournait alors les sources du Loiret.

A peine Jeanne le vit-elle, que la première elle lui dit :

« Êtes-vous pas le bâtard d'Orléans?

« — Oui, répondit-il, et bien joyeux de votre venue. »

Alors elle lui demanda s'il avait conseillé de lui faire prendre la route de la Sologne, au lieu de celle de la Beauce, et comme Dunois répondait que c'était le parti le plus sage, et celui que tous les capitaines conseillaient, parce que les Anglais avaient leurs forces principales du côté de la Beauce, elle s'écria :

« Le conseil de Messire est meilleur que le vostre et celuy des hommes, et si est plus seur et plus sage. Vous m'avez cuidé décevoir; mais vous vous estes deceus vous mêmes, car je vous amène de meilleur secours que eut oncques chevalier, ville ou cité, et ce est le plaisir de Dieu, et le secours du Roy des cieux, non mie, pour l'amour de moy, mais procède purement de Dieu, lequel à la requeste de saint Louis et de saint Charles le Grand, a eu pitié de la ville d'Orléans et n'a pas voulu souffrir que les ennemis eussent le corps du duc d'Orléans et sa ville. »

Il semble, d'après ces paroles, qu'elle savait fort bien, à son départ de Blois, ce qu'on lui faisait faire. Elle dit : « Vous m'avez cuidé decevoir, mais vous vous estes deceus vous mesmes. » Elle n'avait donc cédé qu'à la violence des capitaines et adressait à Dunois, qu'elle pensait l'instigateur de cette mesure, une véhémente protestation.

L'armée s'était arrêtée et la Pucelle réunit les capitaines en une sorte de conseil de guerre, pour décider la conduite à tenir. Elle voulait que l'on attaquât sur-le-champ la bastille de Saint-Jean-le-Blanc, que l'on savait gardée par une faible garnison, afin de pouvoir s'embarquer au port de Saint-Loup et aborder à Orléans. C'était évidemment un coup d'audace, car la bastille Saint-Loup possédait une puissante artillerie, portant jusque sur la rive gauche au port du Bouchet. Mais en agissant rapidement et surtout en faisant opérer une diversion par les Orléanais, qui eussent attaqué la bastille Saint-Loup, on avait de grandes chances de succès.

Les généraux s'opposèrent vivement à ce projet, le trouvant téméraire, impossible à exécuter.

Après une discussion assez longue, Jeanne, devant cette opposition formelle, abandonna son projet et consentit à faire ce que les capitaines désiraient.

On décida de remonter le fleuve en amont de Saint-Jean-le-Blanc, pour chercher un point de passage favorable.

L'armée se mit en marche, modifiant sa direction, inclinant vers l'est, traversa Saint-Denis-en-Val et s'arrêta sur le bord de la Loire, en face du village de Checy, dans un terrain appelé l'île aux Bourdons.

On avait prévenu les assiégés d'envoyer des bateaux pour le passage du fleuve.

Les historiens, en général, s'étonnent que les Anglais n'aient pas tenté la moindre opération contre la Pucelle pendant cette marche de flanc devant leurs positions, et voient dans cette abstention l'intervention évidente de la Providence, qui les aurait frappés de terreur.

Si, le dernier jour du siège, les Anglais furent paralysés par la crainte superstitieuse que leur inspirait la Pucelle, et si leur moral fut fortement ébranlé par les défaites qu'ils avaient subies et par l'étrangeté des événements, il n'en était pas de même le 29 avril. Ils ne croyaient nullement à la mission divine de Jeanne, qui n'avait jusqu'alors rien fait de remarquable, pouvant les convaincre, et voyaient en elle une illuminée, qu'ils couvraient d'insultes grossières et d'outrages.

On trouvera leur inaction très naturelle, si l'on songe qu'ils n'avaient que huit mille hommes devant la ville, répartis dans onze ouvrages, et que l'effectif de la rive gauche, séparée des ouvrages de la rive droite par un large fleuve, était fort inférieur à celui de la Pucelle.

Enfin, s'ils avaient dégarni leurs ouvrages de la rive droite, pour en faire passer les soldats de l'autre côté et venir renforcer le fort et les bastilles, ils eussent été vus par le guet du beffroi, et les assiégés eussent profité de l'occasion précieuse de piller et de détruire leurs boulevards.

L'armée arrivait devant Checy et se rassemblait sur le bord

du fleuve. On se trouva dans une angoisse très grande. Les eaux trop basses et le vent soufflant de l'est empêchaient les bateaux de remonter le fleuve à la voile. Il ne fallait pas songer à employer les rames, car le passage trop lent sous le feu de la bastille Saint-Loup, eût exposé à un désastre. Pour comble de malheur, la pluie se mit à tomber avec une extrême violence, et le découragement, si prompt dans les cœurs français, commençait à abattre les âmes : mais la Pucelle, pleine de confiance, exhortait chacun, assurant que l'on passerait et qu'il fallait un peu de patience.

Elle se mit en prières. En effet, la pluie cessa, le temps devint beau et le vent, ayant tourné, souffla très fort de l'ouest. Aussitôt la confiance revint et l'on aperçut les bateaux qui, remontant rapidement le courant, grossi par l'orage, arrivaient sans être inquiétés.

Bientôt l'on put charger le convoi sur les bateaux, sans dételer ni décharger les voitures, ainsi que l'armée, et l'on passa le fleuve un peu en amont de Checy.

On était au milieu du jour. Jeanne se rendit au château de Reuilly, au nord-est de Checy, où elle fut reçue par Guy de Cailly, qui en était le seigneur, et qui, depuis, ne la quitta plus.

À peine y fut-elle, qu'un conseil de guerre s'y réunit afin d'aviser aux dispositions à prendre pour l'entrée dans Orléans.

Dès le début de la réunion, les chefs de l'armée déclarèrent qu'ils n'entreraient point dans la ville, car ils n'avaient reçu l'ordre que d'escorter le convoi.

En entendant ces paroles, Jeanne entra dans une violente colère, disant qu'on lui avait caché ce projet, que c'était une trahison et qu'on agissait mal puisqu'on avait attendu le dernier moment pour lui révéler cette félonie.

On la calma pourtant avec des promesses de revenir au plus tôt en escortant un nouveau convoi, et l'on décida qu'elle entrerait à la nuit dans la ville, par la porte Bourgogne, accompagnée de Dunois, de La Hire et de l'escorte qui était venue à sa rencontre à Checy : enfin, que les six mille hommes retourneraient à Blois sous le commandement du maréchal de Boussac.

Jeanne accepta ces conditions, parce qu'elle ne pouvait passer outre devant l'obstination des généraux. Ce qu'elle regrettait le plus, c'était le temps perdu en marches inutiles.

Pendant que le conseil se tenait à Reuilly, le convoi se rassemblait à Checy avec une escorte, et les assiégés, prévenus par des messagers, exécutèrent une sortie contre la bastille de Saint-Loup pour occuper les Anglais, détourner leur attention et les empêcher de rien tenter contre le convoi, qui marchait sur Orléans, en suivant la route de la Bourgogne.

Le combat dura toute l'après-midi, et de part et d'autre on compta un nombre assez fort de tués et de blessés. Les Orléanais prirent même un étendard ennemi.

Cette diversion réussit pleinement. Pendant l'affaire, le convoi avait marché, puis, arrivé à une certaine distance de Saint-Loup, il remonta au nord et redescendit pour entrer dans la ville par la porte Bourgogne.

A huit heures, tout armée, montée sur un cheval blanc richement caparaçonné, ayant à sa gauche Dunois et derrière elle La Hire et les chevaliers de la ville, Jeanne, son étendard en main, fit son entrée.

Le peuple en délire l'acclamait, voulait baiser ses pieds et toucher son cheval; une foule immense remplissait les rues et les places, allumait des torches sur son passage, lui faisant une marche triomphale.

Le visage de Jeanne rayonnait de joie; elle était enfin dans cette ville où ses voix l'envoyaient, qu'elle devait délivrer des Anglais et par laquelle débutait sa mission.

Elle mit pied à terre devant la cathédrale, entra pour remercier Dieu de l'avoir conduite saine et sauve dans la ville d'Orléans, et fit chanter un *Te Deum* d'actions de grâces. Puis, remontant à cheval, elle fut conduite chez Jacques Boucher, trésorier du duc d'Orléans, sieur de Guillerville, qui devait l'héberger dans son hôtel, situé près de la porte Renard. Une plaque de marbre, placée sur une maison de la rue du Tabour actuelle, alors Grande-Rue, indique la place qu'occupait cet hôtel.

A la joie qu'éprouvaient les assiégés, de recevoir Jeanne, se mêlait un profond regret du départ des six mille hommes qui avaient escorté le convoi.

Quelque espoir qu'ils eussent en la Pucelle, ils ne croyaient pas possible qu'elle pût vaincre à elle seule sans soldats, et ne fondaient pas de grandes espérances sur les promesses faites à

Reuilly, de l'envoi d'un secours. Le comte de Clermont, alors à Blois, disposait de ces troupes, et les Orléanais n'avaient pas oublié sa conduite pendant la bataille des Harengs et les jours suivants, lorsqu'il abandonna la ville à son sort.

Le matin du 30, Jeanne convoqua chez le comte de Dunois les principaux chefs de la ville, et, dans ce conseil, émit l'avis d'attaquer sur-le-champ les bastilles anglaises.

Les événements de la veille, le passage de la Loire, l'entrée du convoi, la diversion sur la bastille de Saint-Loup réussie, son arrivée dans la ville, étaient autant de succès, disait-elle, qui avaient enflammé les imaginations, surexcité les esprits, ce dont il fallait profiter.

Les généraux montrèrent dès ce moment l'esprit d'hostilité qui les animait contre la Pucelle, la jalousie mesquine qui les possédait, au point de vouloir faire avorter ses projets. Tous, sauf La Hire et Florent d'Illiers, donnèrent un avis contraire et prétendirent qu'il fallait attendre les secours promis.

Jeanne soutint son opinion, estimant que la valeur des troupes fait plus et mieux que le nombre, mais chacun s'entêta dans son avis. La discussion devint très vive et les esprits s'échauffèrent; tout à coup, l'un des chevaliers, le sire de Gamache, ne pouvant supporter le ton impératif de la Pucelle, et irrité de la déférence qu'on lui témoignait, se leva et dit : « Puisqu'on écoute l'avis d'une péronnelle de bas lieu, mieux que celui d'un chevalier tel que je suis, je ne me rebifferai plus contre; en temps et lieu, ce sera ma bonne épée qui parlera, et peut-être y périrai-je ; mais le roi et mon honneur le veulent. Désormais, je défais ma bannière et je ne suis plus qu'un pauvre écuyer. J'aime mieux avoir pour maître un noble homme qu'une fille, qui auparavant a peut-être été je ne sais quoi. » Et il remit sa bannière au bâtard. Celui-ci, quoique ne partageant pas l'avis de Jeanne, voulait la ménager, et, s'interposant, il réconcilia la Pucelle, très froissée des paroles prononcées, avec le sire de Gamache. Ils s'embrassèrent, et Jeanne, quoiqu'elle eût pu imposer son autorité, puisque le roi avait donné l'ordre qu'on lui obéît complètement, Jeanne fit des concessions. Elle accorda qu'on attendrait les secours pour tenter une sortie; mais, comme on objectait que l'envoi des troupes était douteux, il fut décidé que Dunois se rendrait à Blois pour hâter l'arrivée des secours.

Cette conduite des généraux est fort compréhensible et très excusable à cette date : que devaient-ils penser, en effet, de la subite et extraordinaire élévation de cette fille, sortie des rangs les plus bas du peuple, bergère ignorante devenue général d'armée, sous les ordres de laquelle les capitaines les plus vieux et les plus réputés devaient se ranger?

Elle n'avait encore exécuté aucun fait de guerre, les doutes et les hésitations étaient permis. Mais la rébellion et surtout la jalousie n'auraient pas dû se montrer, les ordres du roi étant formels.

Jeanne avait vu juste cependant. L'effervescence des esprits arrivait au plus haut point dans la ville assiégée. La confiance qu'inspirait sa seule présence était sans limites Il suffisait qu'on la sentît dans les murs pour oser tout tenter.

Si à ce moment Jeanne eût exécuté la sortie qu'elle désirait, la ville eût peut-être été délivrée dès le premier jour.

Aussi, malgré la décision prise en conseil, La Hire et Florent d'Illiers, qui partageaient la manière de voir de Jeanne, résolurent de tenter, sans lui en rien dire, une sortie contre la bastille de Saint-Pouaire, appelée Paris par les Anglais.

Ayant rassemblé une troupe assez considérable, ils se jetèrent sur un poste avancé, qui se trouvait à Saint-Paterne actuel, et le mirent en fuite, puis, le poursuivant, ils arrivèrent devant la bastille. Cet ouvrage était le plus fort de l'enceinte anglaise, et comme, suivant leur habitude d'imprévoyance et de légèreté, les Français n'avaient point songé à se pourvoir des engins nécessaires à un assaut, ils firent demander et crier dans la ville qu'on leur apportât des fagots, de la paille, des échelles et des haches, tout ce qui serait indispensable pour brûler les palis et donner l'assaut.

Pendant ce temps d'arrêt, les Anglais se reconnaissaient; tout à coup, ils sortent de leur boulevard, se rangent en ordre de bataille, et avec tant d'impétuosité que les assaillants durent rentrer en toute hâte dans la ville.

Ainsi cette tentative, exécutée sans la participation de Jeanne, n'avait pas réussi. Nous avons vu que, dans le conseil, elle n'avait point exigé qu'on lui obéit en toutes choses, ne se prévalant pas des ordres du roi; bien mieux, qu'elle cédait constamment à l'avis des généraux. Elle respecta la décision prise de telle façon, qu'elle ne porta pas secours aux téméraires qui avaient entrepris cette sortie.

Elle fit mieux encore. Elle résolut de tenter de nouveau, auprès des Anglais, une démarche pour leur faire lever le siège sans verser le sang.

Lorsque la nuit descendit sur la ville, elle leur adressa une lettre, copie de celle qu'elle avait envoyée de Blois et dont ils gardaient prisonnier le héraut porteur. Elle la fit remettre par ses deux hérauts, Guyenne et Ambleville, à Talbot, au comte de Suffolk et au seigneur d'Escalles.

A la lecture de cette nouvelle missive, les Anglais entrèrent dans une violente colère, couvrirent Jeanne d'outrages et de sarcasmes, et jurèrent qu'ils la feraient brûler vive, s'ils pouvaient s'emparer d'elle.

Ils gardèrent Guyenne et renvoyèrent Ambleville, pour répéter à Jeanne leurs imprécations.

La Pucelle, entendant ce récit, ne s'émut guère et se contenta de répondre qu'ils essaient de la prendre. Elle voulut renvoyer Ambleville dans le camp ennemi pour réclamer les deux hérauts, qu'ils gardaient prisonniers contre tout droit. Mais le malheureux craignait que les Anglais ne lui fissent un mauvais parti; il hésitait tout tremblant, et Jeanne lui disait : « En nom Dieu, ils ne feront aucun mal ni à toi ni à lui; dis à Talbot qu'il s'arme et je m'armerai aussi, qu'il se trouve devant la ville, et s'il peut me prendre, qu'il me fasse brûler, et si je le déconfis, qu'il lève le siège. »

Il hésitait encore; pour lever ses dernières craintes, le bâtard d'Orléans le chargea de dire à Talbot que si les hérauts ne rentraient pas de suite, il ferait passer par les armes tous les Anglais alors dans la ville, hérauts ou prisonniers, sans en excepter un seul.

Ambleville partit. Talbot les renvoya tous les trois, en les chargeant de répéter à la Pucelle qu'elle aille garder ses vaches, et qu'il la ferait brûler vive s'il parvenait à la prendre.

Le lendemain, dimanche 1er mai, de grand matin, Dunois partit pour Blois, afin de presser l'envoi des renforts promis. Jeanne, ne voulant pas que les assiégeants pussent l'attaquer, accompagnée de La Hire avec un gros parti de troupe, l'escorta pendant un certain temps. Les Anglais n'osèrent sortir de leurs boulevards, parce que la troupe leur semblait trop considérable.

Aussi Jeanne rentra-t-elle sans encombre. A son retour, sans descendre de cheval, elle chevaucha par toute la ville pour se montrer aux habitants. Le peuple, enthousiaste, voulait la voir, l'entendre assurer que ce terrible siège touchait à sa fin. Une foule tellement considérable assiégeait les portes de son hôtel, que l'on craignait à chaque instant les voir se briser. Elle parcourut longtemps les rues de la cité, acclamée et fêtée, et, dit naïvement la Chronique, « moult semblait à tous être grant merveille, comment elle se pouvait tenir si gentement à cheval, comme elle faisait. Et à la vérité aussi, elle se maintenait aussi hautement en toutes manières comme eust sceu faire un homme d'armes, suivant la guerre dès sa jeunesse. »

Lorsque le soir tomba, elle voulut encore tenter elle-même une démarche auprès des assiégeants. Elle se rendit sur le pont, au boulevard de la Belle-Croix, d'où la voix arrivait très bien jusqu'au fort des Tourelles, et somma le sire de Glasdalle d'avoir à lever le siège. Celui-ci répondit par les plus grossières insultes et la couvrit d'outrages, qui lui firent monter le rouge au visage et les larmes aux yeux. Aussi elle lui cria d'une voix forte : « Vous mentez! Malgré vous, vous partirez d'ici ; une grande partie de vos gens seront tués, mais vous ne le verrez pas ! » Puis elle se retira dans son hôtel.

Le lendemain 2 mai, Jeanne, connaissant bien le cœur humain et le tempérament français, prompt à l'enthousiasme, mais facile à abattre, chercha le moyen d'entretenir l'ardeur des assiégés. Comme il avait été résolu de ne rien entreprendre avant l'arrivée des renforts que Dunois devait ramener, on se trouvait obligé à une inaction absolue, qui pouvait être funeste. Jeanne, voulant mettre le temps à profit et ne rien laisser au hasard, monta à cheval, et, suivie de tous les seigneurs et d'un fort parti de troupe, fit la reconnaissance des ouvrages de la rive droite, construits par les assiégeants.

Elle sortit par la porte Bourgogne et se dirigea sur la bastille de Saint-Loup.

Celle-ci, commandée par un certain Thomas Guerrart, absent ce jour-là, occupait une position très forte, dominant la Loire et les campagnes avoisinantes. Les Anglais l'avaient fortifiée très solidement et perfectionnaient sans cesse son armement et ses défenses.

Jeanne put l'examiner à loisir et, de là, se dirigea sur la bastille Paris, le plus fort de tous les ouvrages de la rive droite. Elle renfermait une quantité de munitions et d'armes. La garnison comptait un important effectif. Talbot la commandait.

Puis elle vit Rouen, commandée par Suffolk; Londres, sous les ordres de Jean de la Pole, et la Croix-Boisée, dont le seigneur d'Escales était le chef.

Enfin, elle put voir distinctement le camp de Saint-Laurent et les deux boulevards du fleuve, celui de l'île Charlemagne et celui de Saint-Pryvé.

Les Anglais n'osèrent pas sortir de leurs bastilles, et, la reconnaissance terminée, Jeanne rentra dans Orléans.

Déjà dans leurs rangs une sourde inquiétude commençait à sourdre. Leurs esprits étaient frappés de tout ce qu'ils voyaient d'extraordinaire depuis quelques jours.

Cette jeune fille, commandant une armée, chevauchant devant leurs bastilles, sans crainte, accompagnée des seigneurs du plus haut lignage, acclamée par la ville entière; ses menaces audacieuses, tout ce que l'on racontait de merveilleux sur elle, tout cela contribuait à abattre le moral des Anglais et leur faisait craindre que le succès leur échappât.

Aussi les capitaines faisaient-ils tout leur possible pour relever les âmes et éveiller la haine contre la Pucelle, au lieu de cette crainte superstitieuse qui commençait à les gagner.

Pendant que ces choses se passaient à Orléans, Dunois pressait à Blois le départ du secours promis. Il s'applaudissait d'être venu, car on se demandait si on enverrait des troupes. La perte d'Orléans paraissait si certaine, l'enthousiasme soulevé par l'apparition de la Pucelle était si complètement tombé, elle absente, que l'on venait de décider de ne plus rien tenter pour la délivrance de la ville.

Dunois fit revenir à des idées plus sages, et, le 3 mai, l'armée se mit en marche par la Beauce. Elle se composait du tiers de l'effectif qui escortait le convoi, soit quinze cents à deux mille combattants.

Dans la matinée du 4 mai, les guetteurs de Saint-Paul et du beffroi de Saint-Pierre Empont signalèrent l'arrivée de la colonne. La poussière soulevée et l'éclat des armes étincelant sous les rayons du soleil la faisaient apercevoir de loin.

Aussitôt prévenue, Jeanne monta à cheval, et, accompagnée du seigneur de Villars, de messire Florent d'Illiers, de la Hire, d'Alain Girou, capitaine breton, et de Jamet du Tilloy, avec cinq cents combattants, sortit à la rencontre de la colonne, commandée par Dunois, les maréchaux de Saint-Sévère et de Rays et Jean de la Haye, baron de Coulances, gentilhomme normand.

Les Anglais ne bougèrent point.

Il est incontestable que la raison invoquée pour expliquer leur inaction les jours précédents les empêchait de sortir : la troupe française étant beaucoup plus forte que tout ce qu'ils pouvaient mettre en ligne.

L'armée entra dans Orléans sans coup férir.

Or, il faisait chaud ce jour-là, et la matinée avait été particulièrement pénible pour Jeanne, qui, tout armée, était restée à cheval de longues heures. Aussi rentra-t-elle chez elle l'après-midi, et, s'étant fait désarmer, elle s'étendit sur son lit pour prendre un peu de repos.

Tout à coup elle s'éveille et se prend à crier :

« En nom Dieu ! mon conseil me dit d'attaquer les Anglais ! Mes armes ! Mes armes ! »

Le sire d'Aulon, son écuyer, accourt et se met à l'armer. Au même instant un grand bruit se fait entendre venant de la rue, et Jeanne s'écrie :

En nom Dieu, le sang de nos gens coule à terre. Pourquoi ne m'a-t-on pas plus tôt éveillée ? Ah ! c'est mal fait. Mon cheval ! »

Et laissant son écuyer s'armer, elle descend en hâte, trouve sur la porte de la rue son page, qui jouait aux osselets.

« Méchant garçon, dit-elle, qui êtes pas venu me dire que le sang de France est répandu, vite mon cheval. »

Aussitôt qu'il arriva, elle se mit en selle et se fit tendre par la fenêtre son étendard, que dans sa précipitation elle avait oublié. Puis elle partit à fond de train, seule, suivant la Grande-Rue.

Près de la porte Bourgogne, d'Aulon et Louis de Contes la rejoignent. Au même moment elle voit passer sur un brancard un citoyen de la ville, blessé, couvert de sang.

« Hélas ! dit-elle plus tard, je n'ai jamais vu le sang d'un Français, sans que les cheveux me dressent sur la tête. »

En même temps qu'elle, arrivaient à la porte une foule de fuyards, venant de l'extérieur, puis cinq cents combattants, amenés par Dunois de l'intérieur de la ville et attirés par le bruit, pour secourir ceux qui, poursuivis par les Anglais, rentraient en désordre.

Voici ce qui s'était passé.

L'arrivée du convoi et son entrée sans coup férir avaient surexcité les assiégés. Quelques chefs, sans ordre, sans demander l'avis ni l'autorisation de personne, avaient réuni des troupes et avaient voulu tenter l'assaut de la bastille de Saint-Loup.

Ils réussirent d'abord, et le boulevard tomba entre leurs mains. Mais les Anglais se ressaisirent, se rassemblèrent à l'abri de la bastille, composée de l'église, du couvent faisant office de réduit central, et la fortune changea. Ils jetèrent les assaillants hors du boulevard, puis les poursuivirent, l'épée dans les reins, jusqu'à la porte Bourgogne, où la Pucelle arrivait avec eux.

Cette singulière façon d'agir s'explique par l'indépendance dont jouissaient les chefs à cette époque. Maîtres des troupes qu'ils soldaient, ils s'arrogeaient le droit d'en user suivant leur bon plaisir. Le succès justifiait leurs entreprises. Aussi doit-on certainement attribuer au décousu des opérations et au manque d'entente entre les chefs, qu'une pareille manière de faire occasionnait, la multiplicité des combats et leur résultat négatif, ainsi que l'inutilité des efforts pendant les guerres de cette époque et notamment au siège d'Orléans.

Pendant toute sa durée, les Français ont possédé un effectif égal et toujours supérieur, si l'on compte les milices bourgeoises, à celui des Anglais. Ils pouvaient surtout, en un point déterminé, mettre en ligne des forces supérieures.

Dès que la Pucelle fut arrivée à la porte Bourgogne, les bourgeois qui la suivaient, Dunois, sa troupe, les fuyards, qui se rallièrent et reprirent courage à sa vue, formèrent une masse d'au moins quinze cents combattants.

Jeanne les exhorte, les encourage, fait rétablir l'ordre et reformer les rangs, et, résolue à recommencer l'attaque de Saint-Loup, donne immédiatement les indications pour que tout le nécessaire à un assaut lui fût apporté.

Dès que tout fut prêt, elle mit la troupe en marche.

Élevant les cœurs, surexcitant les courages, la Pucelle, avec une présence d'esprit étonnante, disait à tous le succès assuré, et ces paroles enflammées enhardissaient les plus timides.

Aussi les Français se ruèrent-ils à l'assaut avec une ardeur inouïe. Une violente canonnade les accueillit. Une clameur s'élevait dans les airs, poussée par les deux partis, qui luttaient avec un égal acharnement. Le choc retentissant des épées sur les armures, les cris des blessés se répandaient au loin. Talbot, dans la bastille Paris, entendant ce vacarme, réunit hâtivement les troupes qu'il put trouver, et sortit pour courir au secours de Saint-Loup. Mais le guet de Saint-Pierre Empont surveillait ses mouvements. Dès que les Anglais se mirent en marche, la cloche du beffroi retentit par-dessus le tapage de la bataille, et sonna deux fois. Le maréchal de Saint-Sévère, le seigneur de Graville, le baron de Coulances étaient prêts. Ils sortirent avec six cents combattants par la porte Parisie et se mirent en bataille devant les Anglais, qui accouraient. Les Français prirent une attitude si vaillante, que l'ennemi n'osa les attaquer et rentra dans ses retranchements.

Cependant Jeanne, avec une habileté de vieux général, disposait les troupes pour l'attaque de la bastille de Saint-Loup. La première en tête des colonnes, elle pénètre dans le boulevard, encourage chacun par ses paroles et enflamme tout le monde par son exemple.

Trois heures durant, l'assaut fut donné, repoussé avec la plus grande énergie.

Enfin la bastille de Saint-Loup tomba aux mains des Français.

L'ennemi perdait cent quatorze hommes tués et quarante prisonniers.

Aussitôt les vainqueurs incendient et démolissent la bastille, l'église et le couvent, bouleversent les remparts, brûlent les palissades.

La rentrée dans Orléans fut une marche triomphale. Les cloches des églises sonnaient à toute volée; une foule immense acclamait Jeanne la Pucelle victorieuse et lui donnait le nom de « libératrice. »

Depuis le début du siège, les cloches, pour la première fois, chantaient la victoire.

Ce premier succès si éclatant fit concevoir aux seigneurs enfermés dans Orléans une âpre jalousie contre Jeanne.

Le lendemain 5 mai, jour de l'Ascension, on convint de ne point entreprendre d'opérations pour respecter la solennité de ce jour de fête. Mais les chefs se réunirent en conseil afin de faire choix d'un plan d'attaque, sans convoquer la Pucelle.

Il y avait là Dunois, les maréchaux de Saint-Sévère et de Rays, le seigneur de Graville, le baron de Coulances, le seigneur de Villars, Xaintrailles, La Hire, les seigneurs de Gaucourt, de Coarraze, messire Denis de Chailly, Thibaut d'Armignac dit de Ternes, bailli de Chartres, Jamet du Tilloy, sir Hugues de Kennedy, appelé Canède, capitaine écossais au service de la France.

La délibération s'éternisa. Des avis très opposés furent émis; enfin, l'on se mit d'accord pour décider de faire une démonstration sur Saint-Laurent et d'attaquer en même temps le fort des Tourelles. On espérait que les Anglais dégarniraient ce dernier pour aller au secours du camp menacé. Comme on pensait que le succès le plus éclatant serait du côté de la rive gauche et que les capitaines voulaient en retirer seuls la gloire, ils résolurent de ne rien dire à la Pucelle du projet d'attaque réelle des ouvrages de la rive gauche.

Jeanne, aussitôt prévenue, se rendit au conseil et fut mise au courant de la décision prise d'attaquer Saint-Laurent.

Elle ne trouva rien à redire tout d'abord à cette façon d'opérer, car elle voulait qu'on assaillit les Anglais le plus tôt possible. Mais a certaines réticences, devant quelques phrases peu claires et en face des explications confuses données sur les préparatifs à faire, elle s'aperçut vite qu'on ne lui disait pas la vérité, et, sans que personne lui eût rien dit de positif, elle se mit dans une violente colère et s'écria :

« Dites tout ce que vous avez conclu Je celerai bien plus grande chose que celle cy. »

Le bâtard d'Orléans tenta de la calmer et finit par lui dire que si, pendant l'attaque de Saint-Laurent, les Anglais dégarnissaient leurs ouvrages de la rive gauche pour porter secours à leur camp, on irait les attaquer.

Jeanne se calma soudain, redevint joyeuse, et s'écria qu'il fallait agir de cette façon. Les capitaines embarrassés, étonnés, confus, lui demandèrent alors son avis. Elle le donna, affirmant qu'il fallait, avant toute autre opération, réunir toutes les forces pour attaquer les ouvrages de la rive gauche et le faire sans tarder.

L'avis parut si excellent et donné d'un ton si net et si affirmatif, que nul n'osa élever la voix, et l'on convint que le lendemain 6 mai, de grand matin, on passerait la Loire pour attaquer les ouvrages de la rive gauche.

Cette suprême résolution prise, Jeanne tenta un dernier effort auprès des assiégeants pour les amener à abandonner le siège sans effusion de sang. Un archer, par son ordre, lança dans le fort des Tourelles, depuis le boulevard de la Belle-Croix, une flèche portant enroulée à ses barbes une copie de sa première lettre.

Elle avait fait ajouter au bas ces mots :

« C'est pour la troisième et dernière fois et ne vous écrirai plus désormais. »

Toute la soirée et la nuit on rassembla les engins et les armes nécessaires, et on les embarqua sur de gros bateaux réunis en plus grand nombre possible, pour traverser la Loire le lendemain.

VIII. — Journées des 6, 7 et 8 mai

Le lendemain 6 mai, à la pointe du jour, Jeanne, accompagnée de Dunois, de plusieurs seigneurs et de quatre mille hommes, traversa la Loire et vint aborder dans l'île aux Toiles en face Saint-Aignan et Saint-Jean-le-Blanc.

Cette île, séparée de la rive gauche par un étroit canal, offrait un excellent terrain de débarquement.

Pendant que l'armée se rassemblait, Jeanne, avec les premières compagnies, se jeta sur l'ouvrage de Saint-Jean-le-Blanc avec tant d'impétuosité, qu'elle l'enleva en un instant.

Les défenseurs, en petit nombre, se replièrent en toute hâte sur la bastille des Augustins. Jeanne se mit à leur poursuite et les serra de si près, qu'elle vint planter son étendard dans le talus du boulevard des Augustins, à peine accompagnée de quelques soldats, qui avaient pu la suivre.

A ce moment, comme l'armée continuait à débarquer, à se ranger dans l'île aux Toiles, et à passer sur la rive gauche, le bruit étrange se répandit que les Anglais traversaient la Loire, par l'île Charlemagne, de Saint-Laurent à Saint-Pryvé, et qu'une armée immense accourait au secours des Tourelles. Une panique folle s'empare des Français, qui s'enfuient en criant, entraînant les soldats qui accompagnaient Jeanne, la Pucelle elle-même, et rentrent dans l'île aux Toiles dans le plus complet désordre.

Les capitaines, convaincus que l'affaire était manquée, faisaient sonner la retraite, malgré les supplications de Jeanne, remplie de douleur, lorsqu'ils s'aperçurent soudain que les Anglais, témoins de cette panique inexplicable, sortaient des Tourelles et des Augustins et, jetant de grands cris, se jetaient sur les derniers fuyards.

Il ne pouvait plus être question de reculer. Devant cette provocation la retraite devenait une lâcheté. Jeanne et la Hire, rassemblant à la hâte quelques combattants, traversent de nouveau le bras du fleuve et chargent les Anglais.

Ils les poussent, les pressent avec tant de furie, qu'ils les obligent à fuir, les poursuivent l'épée dans les reins et arrivent en même temps qu'eux au boulevard des Augustins.

Pendant ce temps, le sire d'Aulon, écuyer de Jeanne, resté à la garde du pont de bateaux, avec le sire de Portades, se prend de querelle avec ce dernier et un homme d'armes. Pour la vider avec éclat, tous trois se défièrent à celui qui serait le plus brave contre les Anglais. Alors, se précipitant à la suite de la Pucelle, ils arrivent peu après elle aux palissades. D'Aulon appelle maître Jean. D'un coup de sa coulevrine celui-ci jette à terre un grand et fort Anglais, qui gardait le rempart, et pratique dans la palissade une brèche assez grande pour que Jeanne et ses compagnons puissent pénétrer dans le boulevard.

Alors l'enthousiasme s'empare des Français. A chaque instant des compagnies nouvelles arrivent de l'île et viennent remplacer les assaillants. Les Anglais se battent en désespérés, font des prodiges de valeur ; le sang inonde la terre, le talus et le fossé. Des deux côtés une effrayante clameur s'élève, faite des hurlements des blessés, des cris de rage, et des hurras de la victoire.

Malgré les exhortations de Glassdalle, les Anglais ne peuvent tenir tête aux Français, surexcités par Jeanne, par ses paroles ardentes et par son exemple. Avec une intrépidité merveilleuse, elle se montre partout, au plus fort du danger, parant les coups de son épée sans blesser jamais et promettant à chacun la victoire.

Enfin le boulevard des Augustins tombe aux mains des Orléanais. Un butin immense y était entassé. Tous les prisonniers faits durant le siège s'y trouvaient enfermés, ainsi qu'une quantité considérable de munitions, d'armes et de vivres.

Ce succès paraissait si considérable à la Pucelle, qu'elle voulait profiter de l'enthousiasme qu'il avait causé parmi les Français, de la lassitude et de la stupeur des Anglais, pour attaquer de suite le boulevard des Tourelles.

Mais les hommes étaient harassés de fatigue. Les généraux s'y opposèrent et Jeanne, déférant à leur avis, remit cette attaque au lendemain.

On se mit alors en devoir de faire passer à Orléans les vivres trouvés dans le boulevard, et un service de surveillance fut établi dans cette bastille, de peur que les Anglais ne veuillent risquer une sortie pendant la nuit pour la reprendre.

Mais leur fatigue et leur abattement moral étaient tels, qu'ils ne tentèrent rien.

Jeanne, très inquiète de ce qui pourrait arriver aux Augustins durant la nuit, voulait y demeurer, bivouaquant avec les troupes qui restaient. Mais elle se sentait à bout de forces ; de plus, pendant l'attaque, une chausse-trape l'avait blessée au pied, de sorte que, cédant aux instances de Dunois, elle consentit à repasser la Loire pour aller se reposer chez son hôte.

Pendant toute la nuit les habitants traversèrent le fleuve en bateaux, apportant des vivres et des provisions aux troupes qui occupaient l'île aux Toiles et la bastille conquise.

Cependant les généraux, rentrés dans Orléans avec Jeanne, se réunirent en conseil, sans la prévenir, et décidèrent que les succès obtenus paraissaient si grands, tellement inespérés, qu'il fallait en remercier la Providence, mais ne pas tenter davantage, en raison du faible effectif dont on disposait en comparaison de celui des Anglais.

Pareil langage semble extraordinaire. Les ennemis de la rive droite n'avaient pas bougé, et, lors même que devant la ville le total de l'effectif eût été plus considérable que celui des Orléanais, les troupes étaient si disséminées que partout, et notamment devant les Tourelles, les Français gardaient la supériorité du nombre.

Était-ce jalousie mesquine et basse contre la Pucelle ? aveuglement incroyable, incurie, ou bien avilissement des âmes, provenant d'un siècle de défaites ?

Lorsque Jeanne reçut en communication cette résolution, le soir, après la réunion du conseil, elle se contenta de répondre :

« Vous avez été en votre conseil et j'ai été au mien, mais croyez que le conseil de Messire tiendra et s'accomplira et que celuy des hommes périra ! »

Puis elle convoqua les bourgeois, leur dit la décision prise par les généraux, et leur proposa de venir avec elle le lendemain, pour attaquer le fort des Tourelles. Ils accueillirent cette demande avec enthousiasme. Quantité de miliciens et de soldats, restés dans la ville, promit de la suivre.

Jeanne fit réunir tout ce qui était nécessaire pour un assaut et préparer cent cinquante fagots, remplis de matières inflammables. Elle donna des ordres pour la bataille, prescrivit que pendant qu'elle attaquerait le boulevard et le fort, une troupe assez forte assaillirait celui-ci par le pont, et disposa tout pour que l'on préparât de suite les matériaux indispensables au franchissement des arches rompues.

Enfin, sûre du succès, elle fit remplir un bateau de matières incendiaires pour brûler le pont-levis réunissant le fort des Tourelles au boulevard.

Tous les ordres donnés et les préparatifs en voie d'exécution, elle se retira, fit demander son aumônier, le frère Pasquerel, se confessa et lui annonça qu'elle serait blessée le lendemain. Puis elle ordonna qu'on l'éveillât avant le jour. Elle ne put reposer, dévorée d'inquiétudes sur ce qui se passait aux Augustins, craignant qu'à chaque instant on ne vînt lui annoncer qu'une panique comme celle du matin, ou qu'une sortie des Anglais, venaient tout remettre en question, et faisaient perdre le résultat acquis dans la journée. Nous avons vu que rien d'anormal ne survint.

Pendant la nuit les préparatifs s'achevèrent dans la ville. Les Anglais retirèrent les troupes de l'ouvrage de Saint-Pryvé et renforcèrent par elles le boulevard des Tourelles.

Les Français veillaient aux Augustins.

Au petit jour Jeanne était debout. Elle avait dévotement assisté et communié à la messe. Elle s'apprêtait à monter à cheval lorsqu'un pêcheur apporta à son hôte une alose superbe. « Jeanne ! lui dit alors Jacques Boucher, mangeons cette alose avant que partiez. »

Elle répondit : « En nom Dieu ! on n'en mangera jusqu'au souper, que nous repasserons par dessus le pont et ramènerons un Godon (Anglais), qui en mangera sa part. »

Alors, suivie des bourgeois et des gens de guerre, qui, la veille, lui avaient promis de l'accompagner, elle se dirige vers la porte Bourgogne pour sortir de la ville et s'embarquer devant Saint-Aignan, sur la grève le long de laquelle les bateaux, qui devaient la déposer à l'île aux Toiles, se trouvaient amarrés.

Là se tenait le sire de Gaucourt, gouverneur d'Orléans, à la tête de ses hommes. A la grande surprise de Jeanne, il refuse de lui ouvrir la porte, alléguant la décision prise par le conseil des capitaines tenu la veille.

« Vous êtes un méchant homme, s'écrie Jeanne courroucée, mais que veuillez ou non, les gens viendront, et gagneront aujourd'huy, comme ils ont déjà gagné. »

Puis elle donne l'ordre d'ouvrir la porte. Ceux qui la suivaient se précipitent. Gaucourt n'ose s'y opposer ; toute la troupe descend, s'embarque et traverse la Loire à la suite de la Pucelle.

Lorsque l'armée fut rassemblée sur la rive gauche, Jeanne convoqua les généraux qui l'accompagnaient et ceux restés aux Augustins pour arrêter le plan de bataille.

Tous se rangèrent à son avis, qu'elle émit d'une façon nette et sans réplique, c'est-à-dire d'attaquer sur-le-champ le boulevard des Tourelles.

Le conseil se sépara et les chefs mirent l'armée en bataille.

Tous les chevaliers étaient là.

Il était dix heures du matin ; on fit sonner la charge et l'armée tout entière se précipita à l'assaut.

Ce fut une terrible mêlée. On arrivait au corps à corps ; les échelles en grand nombre se dressaient contre les palissades du boulevard, et, chargées d'hommes, étaient renversées par l'artillerie, ou même par les défenseurs, qui, saisissant les extrémités des montants, les culbutaient dans le fossé. Les morts et les blessés achevés à coups de flèches ou de coulevrines, lapidés par d'énormes pierres. gisaient en grand nombre dans le fossé ou sur les talus. Le sang coulait de toute part, couvrant le sol, rougissant les palissades.

Aucun parti ne faiblissait. Sans cesse, avec une nouvelle ardeur, les combattants se ruaient à l'assaut, et les Anglais se défendaient avec tant de vaillance que, dit la Chronique, « il semble qu'ils cuydaient être immortels. »

Les heures passaient, la bataille durait toujours.

Vers trois heures de l'après-midi, le combat faiblit de part et d'autre, les soldats étaient harassés, et, dans les rangs français, un peu de découragement semblait naître devant l'insuccès de cette lutte gigantesque, qui durait depuis cinq heures.

Jeanne, pendant toute l'affaire, se montrait au plus fort de la mêlée, encourageant les soldats, les menant à l'assaut, surexcitant les courages par son intrépidité et son audace. A ce moment, voyant le combat faiblir, pour lui donner une nouvelle impulsion elle descend dans le fossé, saisit une échelle qui gisait au fond, et, la dressant contre la palissade, seule elle commence à monter.

Tout à coup un trait la frappe au défaut de la cuirasse entre l'épaule et la gorge, et pénètre si profondément qu'il ressort derrière le cou. Jeanne est renversée à demi évanouie au fond du fossé, et les Anglais, poussant une immense clameur de triomphe, se précipitent, garnissant la palissade pour la couvrir de projectiles de toutes sortes.

Mais, plus rapide qu'eux, le sire de Gamache, témoin de l'intrépidité de Jeanne, de sa blessure et de sa chute, s'élance sur elle, l'aide à se relever, la protège de son corps contre les traits et lui dit :

« Prenez mon cheval. Sans rancune, j'avais à tort mal présumé de vous !

« — Oh ! reprend la Pucelle, sans rancune, car jamais je ne vis un chevalier mieux appris que vous. »

Alors on se précipite vers elle, on l'emporte et on la désarme. La blessure était forte ; elle arrache elle-même le trait ; un jet de sang en sort avec abondance. Une faiblesse la prend, elle se met à pleurer : la faiblesse de la femme, sur elle, reprenait ses droits. Mais cette émotion ne dura pas. Elle se remit bien vite, et des hommes s'étant présentés pour charmer sa blessure, elle les repoussa, disant ne point vouloir accepter les sortilèges, qui tous viennent du démon. Elle accepta que l'on mît sur la plaie un pansement provisoire d'huile et de lard, et demanda qu'on la laissât seule un instant. Alors elle se mit à prier. Le calme revint aussitôt dans son esprit. Elle put remonter à cheval et voulut recommencer l'assaut.

Les capitaines s'approchèrent, lui représentant que les hommes étaient à bout de forces. Elle ne voulait rien entendre. Quelques-uns alors, sans son ordre, firent sonner la retraite. Celle-ci commençait et l'on emmenait les canons. Jeanne s'irritait fort. Dunois lui remontrait que l'état de fatigue extrême des troupes exposait à un échec fâcheux pour le moral et à la perte inutile de beaucoup de monde; il ajoutait que sa blessure pouvait s'envenimer; bref, il demandait qu'on remît au lendemain un nouvel assaut.

Mais cette fois Jeanne demeura inflexible et ne voulut rien entendre. « En nom Dieu, disait-elle, vous entrerez brief dedans, n'ayez doute! Quand vous verrez flotter mon étendard sur la bastille, reprenez vos armes, elle sera vôtre. »

Intimidés et persuadés par cette audacieuse et énergique affirmation, les généraux obéirent. Ils arrêtèrent le mouvement de retraite, et Jeanne commanda que l'on fît reposer et manger les hommes.

Après un certain temps écoulé, la Pucelle s'écarta de nouveau et resta un quart d'heure en prière. Elle avait laissé son étendard aux mains de d'Aulon, sur le bord du fossé, en lui disant : « Donnez-vous garde, quand la queue de mon étendard sera ou touchera contre le boulevard. »

Sa prière finie, Jeanne revient vers d'Aulon; alors, saisissant l'étendard, elle descend dans le fossé avec son écuyer, qui, tout à coup, lui dit : « Jehanne, la queue y touche. »

Le mouvement de l'étendard, porté par la Pucelle descendant dans le fossé et qui était venu heurter la palissade, sembla un signal à l'armée qui se reposait. En un clin d'œil, tout le monde est debout, prêt à recommencer l'assaut. Lorsque Jeanne de toutes ses forces jette d'une voix retentissante : « Tout est vôtre et y entrez! » le cri éclatant de la Pucelle stupéfie les Anglais, qui la virent apparaître alors qu'ils la croyaient blessée à mort ou tuée, glace leur courage et enflamme les Français, qui se ruent sur les palissades.

Glassdalle, épouvanté, veut relever le courage des siens ; il les exhorte, les presse, les excite au combat, mais en vain.

Sous l'assaut furieux des Français, la palissade cède, et Glassdalle donne l'ordre de la retraite.

Depuis le départ de Jeanne, les Orléanais restés dans la ville suivaient avec anxiété du haut des remparts les péripéties de la lutte. Voyant que l'assaut recommençait avec furie, entendant les cris de triomphe et les fanfares du combat, ils se précipitèrent vers le pont. Ils apportent des planches, des madriers, des échelles pour franchir les arches brisées. Les matériaux faisant défaut, on va chercher des gouttières à une maison voisine et, sur cet appui chancelant, jeté par-dessus le trou béant, les Orléanais se précipitent, conduits par Nicolas de Giresme.

D'un furieux élan, ils emportent le boulevard, que les Anglais avaient sur le pont, et dont les défenseurs se jettent dans le fort des Tourelles, et attaquent furieusement ce dernier.

Des groupes d'Orléanais arrivent sans cesse au secours des premiers; des échelles sont dressées contre les murailles; ils jettent dans le fort des fagots enflammés et couvrent les défenseurs de traits et de fusées incendiaires. Le feu se déclare tout à coup.

Au même instant Glassdalle donnait le signal de la retraite et allait rentrer dans le fort attaqué des deux côtés à la fois.

Jeanne, toujours au premier rang, pleine de générosité et voulant éviter la trop grande effusion de sang, lui crie de se rendre. Mais Glassdalle refuse avec imprécations et, la couvrant d'outrages, il s'élance avec sa troupe sur le pont-levis. Sous le poids de cette masse d'hommes, le pont à demi consumé par le bateau chargé de matières inflammables que Jeanne, étrangement prévoyante, avait fait préparer la nuit précédente et avait dirigé au moment du dernier assaut, le pont céda brusquement et un nombre considérable d'hommes, parmi lesquels Glassdalle, sont engloutis dans le fleuve.

Ainsi se réalisaient les prophéties de la Pucelle. Elle avait reçu une blessure et Glassdalle était mort.

« Malgré vous, vous partirez d'ici. Une grande partie de vos gens seront tués, mais vous ne le verrez pas! »

Pitoyable envers son ennemi, abattu mais valeureux, la Pucelle exprima le désir que l'on recherchât son corps, afin de lui donner une sépulture chrétienne. Mais on ne parvint pas à le retrouver.

Cependant on rétablit le pont à la hâte et l'assaut allait recommencer contre les Tourelles, mais les défenseurs, ne pouvant tenir derrière les murailles incendiées, se rendirent à merci.

Des cinq cents vaillants qui l'occupaient, deux cents restèrent prisonniers ; le reste fut tué ou noyé dans cette terrible journée.

Six heures sonnaient, la nuit venait : un repos nécessaire fut accordé aux soldats, pendant que les ouvriers s'occupaient à rétablir un passage sans danger sur le pont-levis détruit et les arches rompues.

Alors, à huit heures du soir, dans la nuit, Jeanne, comme elle l'avait prédit le matin, montait à cheval, rentrait par le pont dans la ville assiégée.

Que l'on se représente une cité qui, le jour même, subissait encore les horreurs d'un siège de sept mois et commençait à sentir les tortures de la faim, subitement délivrée, acclamant sa libératrice, la paysanne ignorante, l'enfant devenue général d'armée, victorieuse de l'oppresseur. Tandis que toutes les cloches de la cité chantaient l'éclatant triomphe, escortée des capitaines, des chevaliers, des hommes d'armes, de soldats et de bourgeois, ivres de la bataille, grisés de victoire, entourée par des milliers de torches, illuminant sa route, au milieu des vivats, du délire de la foule, Jeanne à cheval, l'étendard en main, la figure radieuse, franchissait le fort des Tourelles, traversait le pont et, par les rues de la cité, se rendait à la cathédrale remercier le Dieu des armées du succès de ses armes, comme les héros de Rome montant au Capitole.

Puis l'humble et sainte enfant rentra dans son logis faire panser sa blessure et prendre un peu de repos, dont elle avait grand besoin.

Certains historiens ne comprennent pas que les Anglais ne soient pas sortis des ouvrages de la rive droite pendant la journée du 7, et surtout lors du dernier assaut, pour secourir le boulevard et le fort des Tourelles.

La raison reste toujours la même. Abandonner leurs boulevards, c'était laisser toute espérance de les reprendre, car les

Orléanais n'eussent pas manqué de s'en emparer et de les détruire immédiatement; de plus, ils ne prévoyaient nullement l'issue du combat des Tourelles.

Pendant la nuit, Talbot tint un conseil de guerre. La situation fut jugée fort critique. Les Français pouvaient attaquer avec des forces supérieures, aussi les Anglais résolurent-ils d'évacuer les ouvrages.

Au milieu de la nuit, Suffolk partit pour Jargeau avec une partie des troupes.

Dès la pointe du jour, le reste de l'armée se rangea en bataille devant le camp de Saint-Laurent, évacuant tous les boulevards.

La Pucelle avait agi de même. Toute l'armée et les bourgeois sortirent par la porte Renart, et Jeanne la rangea face aux ennemis. Mais comme ce jour-là était un dimanche, elle défendit qu'on répandît le sang. Seulement elle donna l'ordre, si les Anglais attaquaient, d'en venir aux mains, promettant la victoire.

En même temps, elle faisait dresser un autel entre les deux armées, et tournant le dos à l'ennemi, elle entendit dévotement deux messes, pendant lesquelles les Anglais n'osèrent point bouger.

Au bout d'une heure, Jeanne, sans se retourner, demanda ce qu'ils faisaient. Comme on lui répondait que le mouvement de retraite commençait :

« Laissez-les partir, dit-elle, Messire ne veut pas qu'on combatte aujourd'hui, vous les aùrez une autre fois. »

En effet, l'ennemi battait en retraite, et en bon ordre prenait la route de Meung.

Mais La Hire et Ambroise de Loré, avec cent vingt lances-malgré l'ordre formel, se jetèrent à sa poursuite. Ils le harcelèrent pendant trois lieues, lui tuant du monde, et l'obligeant à abandonner des armes, des canons et des bagages.

Dès que la troupe eut disparu, les Orléanais se répandirent en foule dans le camp et les boulevards, qu'ils trouvèrent munis d'une quantité considérable de vivres, de munitions et de vêtements. Ils s'en emparèrent et emportèrent tout dans la ville. Puis des ordres furent donnés pour raser les ouvrages. On les exécuta immédiatement.

Ainsi, le mémorable siège d'Orléans, qui durait depuis le 12 octobre 1428, était levé le 8 mai 1429.

Jeanne la Pucelle entrait dans la ville le 29 avril. En huit jours, elle livrait trois combats heureux, prenait un fort puissant et chassait les Anglais.

IX. — La campagne sur la Loire (mai-juin 1429)

Cependant les Anglais restaient maîtres des places de la Loire, Talbot commandait à Meung, Suffolk à Jargeau, et messire Raveston à Janville. Falstolf était allé à Paris pour réunir des secours. Ils disposaient de forces assez considérables pour tenir la campagne et causer encore de grands préjudices aux Français.

Le 8 mai, dans l'après-midi, La Hire et Florent d'Illiers quittèrent Orléans pour se rendre à Châteaudun, craignant que les Anglais ne se reportassent sur cette ville.

Le 9, la Pucelle partit pour se rendre auprès du roi et exécuter la deuxième partie de sa mission, le conduire à Reims pour le faire sacrer. Elle se rendit à Blois, puis à Tours, où le roi vint la rejoindre venant de Chinon.

Charles VII la reçut avec les plus grands honneurs, et, sur ses instances, réunit les capitaines pour étudier la question du voyage à Reims que Jeanne le pressait d'entreprendre sans délai.

La cour se montra fort opposée à ce dessein; soit lâcheté, soit mollesse, les courtisans ne voulaient plus quitter la Touraine, où la vie leur semblait facile, en comparaison des hasards d'une campagne redoutée. Ils alléguaient le manque absolu d'argent, la faiblesse des effectifs et le voyage à travers un pays infesté d'ennemis, obligeant à d'incessants combats.

De Tours, la cour se rendit à Loches. Le voyage de Reims restait toujours en question : à toutes les instances de Jeanne, on opposait le récent échec de l'armée du roi sous Jargeau.

En effet, le jour où la Pucelle quittait Orléans, Dunois, le maréchal de Saint-Sévère, les seigneurs de Graville, de Coarraze, Xaintrailles et Poton son frère, avec toute l'armée restée à Orléans, se mirent en route, dans l'intention de faire le siège de Jargeau, où Suffolk s'était retiré.

Ils prirent la route de la Sologne, passant par Sandillon. Les eaux du fleuve, très hautes, remplissaient les fossés de la place, de sorte qu'il fut impossible de rien entreprendre ce jour-là. On se contenta de tirer contre les défenseurs de la muraille, sans pouvoir tenter un assaut.

Le combat d'artillerie dura trois heures. Plusieurs Anglais furent tués : parmi eux on comptait un capitaine nommé Henri Biset. L'armée regagna Orléans.

Ce n'en était pas moins un échec, qui prouvait que les Anglais, maîtres des places de la Loire, les tenaient solidement.

Le départ pour Reims, en laissant derrière soi ces places aux mains de l'ennemi, semblait hasardé. Plusieurs capitaines émirent l'avis d'entreprendre une campagne sur la Loire, avant le voyage de Reims. Il semble même que Jeanne en fit la proposition ; quoi qu'il en soit, elle ne s'y opposa pas.

Le roi décida de réunir une armée, qu'il mit sous le commandement du jeune duc d'Alençon, rentré de la captivité qu'il subissait depuis la bataille de Verneuil ; il devait être aidé par Jeanne, dont il écouterait tous les avis.

La cour s'était rendue à Saint-Aignan-sur-Cher, d'où la Pucelle rejoignit à Selles-sur-Cher, à quatre lieues a l'est, l'armée qui se rassemblait, les premiers jours de juin.

De toute part, les seigneurs accouraient avec d'importants effectifs. La réputation de la Pucelle avait rapidement gagné les confins du royaume.

Aussi, après avoir traversé la Sologne par Romorantin, Meung et la Ferté, lorsque, le 9 juin, Jeanne fit son entrée dans Orléans, elle commandait à une armée de huit mille hommes.

Les habitants la reçurent avec les plus grandes démonstrations de joie. Ils se pressaient autour d'elle, voulaient la voir, l'entendre, toucher ses vêtements, « ils ne se pouvoient saoûler de la veoir. »

Elle resta deux jours, et, tout étant prêt, elle partit le 11 pour faire le siège de Jargeau.

Elle avait autour d'elle le duc d'Alençon et les capitaines accoutumés, le comte de Vendôme en plus et un gentilhomme breton, Tudual de Kermoisan, avec huit mille hommes et une forte artillerie.

Cette armée prit la route de la Sologne par Sandillon : la ville de Jargeau étant sur la rive gauche du fleuve.

La place, entourée d'une forte muraille de cinq à six mètres de hauteur, flanquée de grosses tours et protégée par un large fossé, comptait six à sept cents défenseurs, sous les ordres de messire Guillaume de la Pole et de son frère le comte de Suffolk. Elle se reliait à la rive droite par un pont en pierre, fortifié. Une puissante artillerie garnissait ses remparts.

Cependant, le duc de Bedford, ayant appris les préparatifs faits par les Français pour entreprendre la campagne contre les places de la Loire, leva cinq mille hommes qu'il mit sous le commandement de Falstolf, à Paris, avec mission de secourir les villes fortes. Mais ce dernier, sachant l'armée conduite par la Pucelle et craignant de se rencontrer avec elle, sans avoir une grande supériorité d'effectif, marcha avec la plus grande lenteur. Comptant recevoir d'importants renforts, il s'arrêta quatre jours à Étampes et quatre jours à Janville, pour rassembler le plus d'hommes et de munitions possible.

La nouvelle de cette marche de Falstolf parvint à l'armée française, et, soit qu'on eût peur des Anglais en rase campagne, soit qu'on ne voulût pas être pris entre la place et Falstolf, on éprouva des hésitations, et plusieurs combattants partirent. Toute l'armée eût suivi ce mouvement sans les objurgations pressantes de la Pucelle. Elle affirmait que l'on avait la protection divine. Elle réussit, à la longue, à rendre confiance à la troupe, et de telle manière que les Français tombèrent de suite dans l'excès contraire.

Sans aucune précaution, sans avant-garde, un corps assez considérable tenta d'approcher de la place; mais les Anglais veillaient. Placés en embuscade dans les maisons d'un faubourg, en avant des murs, ils tombèrent sur les téméraires et les mirent en pleine déroute. Si bien que les fuyards se jetèrent dans le plus complet désordre sur le gros de l'armée qui arrivait et commençait à prendre peur. Mais Jeanne, se portant résolument en avant, rassembla les fuyards et, redonnant du cœur à tous, recommença le combat, chassa les Anglais des maisons où de suite elle cantonna ses troupes.

Sans perdre un instant, elle plaça l'artillerie elle-même. Au petit jour, le 12, le feu commença. A un moment, comme elle se trouvait avec le duc d'Alençon sur le bord du fossé, elle le saisit soudain par le bras, l'entraînant à quelques pas de là, en disant que s'il restait à cette place il serait tué. En effet, quelques

instants après, un gentilhomme qui occupait cette position fut
tué raide d'un coup de bombarde.

Dans la matinée, la plus forte tour fut renversée par une grosse
bombarde, appelée « la Bergerie, » amenée d'Orléans.

Dans la journée, les murailles tombaient en ruines. Jeanne,
avant de donner l'assaut, voulut, suivant sa coutume, prévenir
les assiégés, et leur fit demander s'ils consentaient à se
rendre.

Suffolk sollicita une suspension d'armes de quinze jours.
L'accorder eût été folie, car c'était donner à Falstolf le temps
d'arriver. Jeanne répondit qu'elle leur permettait seulement de
se retirer sur l'heure, « en petite cotte. » Suffolk n'acceptant
pas, l'assaut fut décidé.

On combla les fossés, on appliqua les échelles et l'armée tout
entière se rua contre les murailles.

Les assiégés se défendirent avec la plus grande énergie. Un
moment, les assiégeants faiblirent. Jeanne se précipita dans les
fossés, son étendard à la main, et tenta de monter sur une
échelle. Au même moment, une énorme pierre jetée du haut des
remparts la renversa par terre. Les Anglais la croient écrasée
et poussent des cris de triomphe, mais elle se relève et crie
aux siens :

« Ayez bon courage, notre Sire a condamné les Anglais. A
cette heure, ils sont nôtres. »

L'assaut est repris avec fureur. Le comte de la Pole est tué.
Les Français pénètrent dans la place. Suffolk, poursuivi, est ac-
culé sur le pont. Il se rend à un gentilhomme français nommé
Regnault, après l'avoir fait chevalier, car Regnault lui avait
avoué ne pas l'être.

La place fut livrée au pillage. On n'épargna rien, ni les maisons ni l'église même, pour punir la cité de son attachement
aux Anglais. Onze cents personnes environ périrent, dont cinq à
six cents Anglais.

Le soir, un convoi de prisonniers de haut rang fut conduit à
Orléans. Dans la nuit même, Jeanne et le duc d'Alençon rega-
gnèrent cette dernière ville, laissant l'armée bivouaquer.

Cependant, une dispute s'étant élevée au sujet de prisonniers
de moyenne condition, les hommes qui les escortaient les massa-
crèrent.

Ce nouveau succès de la prise de Jargeau surexcita les esprits. Les chevaliers continuaient à accourir pour se ranger sous la bannière du roi de France et servir sous les ordres de Jeanne.

A Orléans venaient d'arriver les seigneurs de Laval et de Lohiac, de Chauvigny, de Berry, de la Tour d'Auvergne et le vidame de Chartres.

La Pucelle, impatiente de terminer la campagne, voulait se hâter. Le 14, elle donna ses ordres pour le départ, afin d'attaquer Meung et Beaugency, et l'on partit le 15.

Elle prit la route de la Sologne par Cléry, et canonna si énergiquement le pont de Meung, bien défendu cependant, que, dit le chroniqueur, « nonobstant leur deffence, fut pris de plain assault sans gueres arrester. »

Ce pont en pierre et fortifié aboutissait en dehors de la ville. Sa possession assurait un débouché sur la Loire. C'est ce que voulait Jeanne. Aussi fit-elle camper toute l'armée sous les murs de Meung, dédaignant de l'attaquer pour le moment.

Le lendemain, laissant une solide garnison pour défendre le pont, elle se dirigea sur Beaugency.

La ville sur la rive droite, entourée d'épaisses murailles de six mètres de hauteur, flanquée de tours, possédait un redoutable donjon, qui reste de nos jours connu sous le nom de Tour de César. Cette tour carrée, bâtie au xiiie siècle sur l'emplacement probable d'un camp de César, en a conservé le nom. La place était reliée à la rive gauche par un solide pont de pierre fortifié et bien défendu.

Pourtant les Anglais, sachant l'effectif considérable de l'armée de Jeanne, ne crurent pas pouvoir défendre toute la ville. Ils abandonnèrent les murailles et se retirèrent sur le pont et dans le donjon.

Les Français, ne trouvant aucune résistance, pénétrèrent aussitôt dans la place. Ils commençaient à établir leur cantonnement, lorsque dans différentes rues, les ennemis, cachés en embuscades, les attaquèrent avec impétuosité. Après le premier moment de surprise, qui dura peu, les Français se battirent avec courage, de telle sorte qu'il y eut de véritables petits combats sur plusieurs points et un certain nombre de tués. Mais ces diverses escarmouches ayant cessé, Jeanne fit disposer elle-même l'artillerie pour canonner le donjon ainsi que le pont, et le feu commença.

Cependant, un incident faillit jeter la désunion dans l'armée française et faire manquer le siège de la place.

Des intrigues de cour, ourdies par La Trémouille, avaient contraint, quelques mois avant cette époque, le connétable de Richemont à se retirer dans sa seigneurie de Parthenay. Il supportait difficilement l'inaction.

Lorsque la Pucelle apparut pour faire lever le siège d'Orléans, Richemont leva une troupe considérable et marcha vers Blois pour se joindre à l'armée. Mais à Loudun, le roi lui fit dire que s'il continuait, on le combattrait. Il dut s'arrêter. Quand il sut que Jeanne commençait une nouvelle campagne, il se remit en mouvement, passa la Loire à Amboise et marcha sur Beaugency.

Il venait avec Jacques Dinan, seigneur de Beaumanoir, frère du seigneur de Chateaubriand. Son arrivée était assez mal vue par quelques chefs, jaloux de ne point s'attirer la disgrâce royale, notamment par d'Alençon. Mais une impérieuse raison, que la Pucelle mit en avant avec beaucoup d'adresse, fit lever toutes les préventions; c'était l'arrivée de l'ennemi. On venait en effet, le 17 au matin, d'annoncer l'approche de Falstolf, que Talbot était allé rejoindre à Janville, après la prise du pont de Meung. Obéissant aux pressantes instances de la Pucelle, le connétable fit serment devant elle et devant tous les seigneurs de son dessein de servir toujours loyalement le roi.

Le siège ne fut donc point arrêté, ni la canonnade interrompue. Aussi le bailli d'Évreux, qui commandait le donjon, fit-il dans le milieu du jour, le 17, demander une suspension d'armes afin de traiter.

Jeanne l'ayant accordée, on commença les pourparlers. Ils durèrent jusqu'à minuit, et l'on décida que la garnison se retirerait le lendemain au petit jour, emmenant ses chevaux avec leurs harnachements et la valeur d'un marc d'argent par tête. Les soldats devaient en outre promettre de ne pas porter les armes pendant dix jours contre les Français.

Le matin du 18, ils s'en allèrent et gagnèrent la place de Meung.

Cette nuit même Falstolf et Talbot arrivaient. Au petit jour,

ils se présentèrent avec quatre mille combattants devant Beaugency. Jeanne fit alors sortir de la ville toute l'armée, la rangea
en bataille, si bien que les Anglais prirent peur et rétrogradèrent sur la route de Meung, ne sachant pas encore la capitulation de Beaugency. Ils pensaient emporter le pont de Meung
resté aux mains des Français et de cette façon apporter du secours par la rive gauche aux défenseurs de Beaugency. Aussitôt
arrivés à Meung, ils commencèrent à canonner avec violence le
pont, mais en même temps ils apprenaient, par les défenseurs de
Beaugency qui les rejoignaient, la capitulation de cette place. Il
ne pouvait plus être question pour eux d'emporter le pont, encore moins de rester à Meung. L'expérience qu'ils avaient acquise de l'inutilité de la défense des places fortes contre la Pucelle dicta leur conduite.

Talbot et Falstolf avec le sire d'Escales abandonnèrent Meung
et reprirent promptement la route de Janville.

Cependant les Français, après avoir constitué une garnison
pour la ville prise, se mirent en marche, espérant retrouver les
Anglais à Meung, où ils savaient qu'ils s'étaient retirés.

Dès l'arrivée de l'avant-garde aux abords de la ville, les Français restés à la garde du pont dirent que l'armée ennemie battait en retraite sur Paris, et Jeanne immédiatement donna le
signal de la poursuite.

Les Anglais, avertis par leur arrière garde, ne songèrent plus
qu'à trouver un terrain favorable pour accepter la bataille. Ils
ne s'étaient pas encore mesurés avec la Pucelle en rase campagne, et le souvenir des sanglantes hécatombes de Poitiers, de
Crécy et d'Azincourt leur donnait l'espoir du succès.

Ils choisirent un terrain en avant du village de Patay, près du
hameau de Lignerolles.

Un ravin coupait la route. Au delà deux haies très épaisses
formaient un passage resserré. Talbot avec cinquante archers
s'y plaça, tandis que le gros se portait en arrière en bataille, et
Talbot comptait tenir là jusqu'à ce que l'arrière-garde eût rejoint le corps de bataille. Il pensait alors se replier protégé par
les haies touffues.

Or la Pucelle allait de l'avant sans savoir au juste où se plaçaient les Anglais. Elle disait que l'on aurait « bon conduit » et
avait mis à l'avant-garde quatre-vingts chevaliers.

Tout d'un coup, en chevauchant, ils firent lever un cerf, lequel se jeta dans les Anglais, qui le reçurent à grands cris. Cela donna l'éveil, et l'avant-garde, ayant reconnu leur position, prévint la Pucelle.

« Avez-vous de bons éperons ? » dit-elle à d'Alençon.

« Nous tournerons donc le dos? » s'écrièrent plusieurs chevaliers.

« En nom Dieu, répondit-elle, ce seront les Anglais, et vous aurez besoin de vos éperons pour les poursuivre mieux. »

Elle répondait de la victoire.

« Seraient-ils pendus aux nues, nous les aurons ; le gentil roi aura aujourd'hui la plus grande victoire qu'il eut depuis long temps. »

Elle voulait partir avec l'avant-garde. On la retint et La Hire fut chargé de l'attaque avec l'ordre d'occuper les Anglais si bien que le gros français pût arriver et envelopper toute l'armée.

Mais La Hire chargea avec une telle impétuosité qu'il culbuta l'arrière-garde encore en marche, et la jeta en désordre sur le gros, qui prenait ses positions. Celui-ci, croyant à une défaite et terrifié par le nom de Jeanne, tourna le dos et s'enfuit.

Cependant Talbot tenait à son poste et Falstolf faisait des efforts pour ramener les fuyards. Mais la panique devenait générale, et Talbot dut bientôt à son tour battre en retraite, tandis que les Français, poursuivant les fuyards, massacraient tous ceux qu'ils rencontraient. Il y eut, tant tués que blessés ou faits prisonniers, quatre mille Anglais. Talbot était parmi les prisonniers.

Le gros de l'armée française arriva lorsque la bataille était terminée.

Les résultats furent considérables. Janville ferma ses portes aux Anglais. Toutes les petites places de la Beauce furent abandonnées par eux et la contrée respira, entièrement délivrée.

Jeanne venait de faire une campagne mémorable. Partie d'Orléans le 11, elle attaque Jargeau, qui est emporté d'assaut le **12**. Le 15, elle prend le pont de Meung; le 16, elle attaque Beaugency, qui se rend le **17**, et le **18** elle écrase à Patay la dernière armée anglaise.

En huit jours elle prend trois villes et gagne une bataille.

Quelques jours après, Charles VII, avec douze mille hommes, accompagné de la Pucelle, partait de Gien pour aller à Reims, où il arrivait le 16 juillet. Il était sacré le 17 du même mois.

Ainsi se termina cette immortelle campagne de la Loire, où Jeanne en quelques semaines délivra Orléans, le dernier boulevard de la France, chassa les Anglais de tout le territoire conquis sur les bords du fleuve, et put faire sacrer le roi à Reims.

Un peuple qui a dans son histoire une semblable page et quatorze siècles de gloire ne peut pas périr.

BESANÇON. — IMPRIMERIE JACQUIN.